Max Strohe

Kochen am offenen Herzen

LEHR- UND WANDERJAHRE

TROPEN SACHBUCH

MIX
Papier aus verantwortungsvollen Quellen
FSC® C014496

In diesem Buch werden tatsächliche und fiktionale Ereignisse miteinander verwoben.
Max Strohe lebte wirklich, seine Darstellung wurde zum Teil fiktionalisiert.
Sein Vater, sein weiteres familiäres Umfeld und andere Figuren sind teilweise frei erfunden.

Zweite Auflage, 2022

Tropen
www.tropen.de

Cover: Zero-Media.net, München
unter Verwendung einer Abbildung
von ©FinePic®, München
Gesetzt von C.H.Beck.Media.Solutions, Nördlingen
Gedruckt und gebunden von GGP Media GmbH, Pößneck
Lektorat: Andreas Bernard
ISBN 978-3-608-50173-5
E-Book ISBN 978-3-608-11942-8

Bibliografische Information der Deutschen Nationalbibliothek
Die Deutsche Nationalbibliothek verzeichnet diese Publikation in der Deutschen Nationalbibliografie; detaillierte bibliografische Daten sind im Internet über http://dnb.d-nb.de abrufbar.

Der Vater ist Kunsthändler. Aber eigentlich ist er Sammler. Und kaufsüchtig.

Er ist stolz und hat Rückgrat. Und er hat nach eigenen Angaben den Weltgeschmack gepachtet. In einem Interview mit dem Magazin *Weltkunst* antwortete er auf die Frage, was er persönlich sammle: »Augenblicke und Begegnungen«. Natürlich stimmt das so. Aber eigentlich sammelt er, was andere nicht zu schätzen wissen, und behält für sich ein, was sie nicht verdienen.

Einmal, da hat er etwas verkauft, an einen Fertigfraß-Mogul. Ein wunderbares Möbel, »zum Wichsen geil« sei es gewesen. Als Dank für den Kauf schenkt der Mogul ihm eine Kiste Wein und eine seiner liebsten Zigarren. Als der Kunde den Wunsch des Vaters, das vollzogene Geschäft mit dem gemeinsamen Genuss einer Zigarre zu zelebrieren, ablehnt, verkriecht sich der stolze Händler auf den Sitz seines Wagens und beginnt zu weinen.

Er verflucht den Käufer und vor allem sich selbst.

Mit fast jedem Verkauf fällt ihm das Verkaufen schwerer.

Mein Vater ist Ästhet und idealistischer Romantiker. Mein Vater ist eine gute Seele und ein vernachlässigtes kleines Kind. Eine unsterbliche Persönlichkeit im Körper eines dahinscheidenden Neurotikers. Er ist Vorbild und abschreckendes Beispiel zugleich. Neid, Liebe und Bedauern erfüllen mein Herz, wenn ich an ihn denke. Ich liebe meinen Vater. Er riecht gut.

1 Es ist also der August des Jahres 1997, eitel Sonnenschein, »Mittelmeersommer«, in einem kleinen Ort im Westen der Republik, und zwar dort, wo die wunderbare Ahr in den absolut immer trüben Rhein mündet, in Sinzig.

Und nicht einfach nur »Sinzig«, sondern natürlich mit der Ergänzung »am Rhein«, damit hier auch ja keine Verwechslungen entstehen, es gibt nämlich absolut nur ein Sinzig auf der Welt, und das ist verdammt noch mal am Rhein. Am Rhein mit seinem Hochwasser, seiner Melancholie, seinen Ironman-Anekdoten, den Geschichten seiner Brücken während der Weltkriege, dem Binnenschiffsverkehr und den mittlerweile entkoffeinierten Kaffeefahrten der Köln-Düsseldorfer Dampferflotte. Von den Schiffen in Haifischoptik krächzt aus den Deckenlautsprechern die immerwährende Weisheit: »Der Rheinländer kehrt immer wieder ins Rheinland zurück«, so wie der Täter an den Tatort.

Der Tatort, an den ich die nächsten zweieinhalb Jahre regelmäßig zurückkehren sollte und an dem ich zum Komplizen wurde, zum Komplizen einer Art Verbrechen an mir selbst, einer Unkenntlichmachung meines ursprünglichen Ichs, ist ein beschauliches Stück deutscher Traditionsgastronomie.

Die Wendelinusstube ist ein Landgasthof neben einer Kirche, die man eher Kapelle hätte nennen sollen, mit einem Saal für gut- bis spießbürgerliche Ereignisse (Gemeinderatssitzungen, Karnevalsfeste, Hochzeiten, Trauerfeiern) bei Kaffee, Blechkuchen und belegten Brötchen. Ein warmherziger Familienbetrieb, gelegen auf einem Hügel oberhalb des Sinziger Stadtkerns, im verschlafenen Nest Koisdorf. Ein paar Fremdenzimmer, ein gemütliches Restaurant und eine angrenzende Kneipe mit Dart und Würfelspiel für die Dorfältesten und die Junggesellen ...

Martin ist dort Lehrling im zweiten Lehrjahr. Aber er ist auch zweiter Mann. Zweiter Mann hinter dem Küchenchef. Sous Chef also.

Martin sieht ein bisschen so aus, wie man sich den gemeinsamen Sohn von Benjamin von Stuckrad-Barre und Boris Becker vorstellen würde. Zur Zeit des Geschehens allerdings ist Boris Becker gerade auf dem Weg, sich aus dem Profisport zu verabschieden, und erklärt, mit auf Wimbledon schielenden Augen, seiner zukünftigen Exfrau Barbara, sein Hirn sei Rührei. Benjamin von Stuckrad-Barre arbeitet in Hamburg bei einem Plattenlabel, und zwar nicht für oder mit Udo Lindenberg, und ist auch weder fürs Rauchen noch fürs Koksen einem breiteren Publikum bekannt. Bücher hat er auch noch keine geschrieben.

Mich selbst zu dieser Zeit zu porträtieren, fällt mir gar nicht so leicht. Verblasste Erinnerungen und der Mangel an Beweismaterial. Handys mit Kamera gab es noch nicht, nur schwere Mobiltelefon-Installationen in teuren Autos von Menschen mit enormer Wichtigkeit. Fotoapparate waren was fürn Urlaub. Ich mein, es war noch D-Mark, Leute.

Ich versuche mich dennoch an mir selbst.

Im zarten Alter von fünfzehn – ich hatte gerade knapp mein erstes Mal überstanden, meinen leiblichen Vater bei einer New-York-Reise kennengelernt und mit Pauken und Trompeten zum zweiten Mal die achte Klasse des Gymnasiums vermasselt – war ich dabei, mein Äußeres in Richtung Hybrid aus Jim Morrison und Kurt Cobain zu optimieren. Schlank genug war ich, sogar so spindeldürr, dass ich unter meinen zerrissenen Jeans aus Scham eine weitere Hose trug, eine Nummer kleiner, in deren Gesäßtaschen ich Taschentuchpackungen platzierte, um mein Hinternvolumen zu vergrößern. Meine Haare waren fast kinnlang (und wurden leider nie mehr länger), Naturhaarfarbe undefinierbar. In meinen ausgelatschten hohen Vans schlurfte ich mit schlechter Körperhaltung, voller Wut auf alles und null Bock auf irgendwas durchs fade Rheinland.

Zweimal in derselben Klassenstufe sitzenzubleiben bedeutet, von der Schule zu fliegen. Wie man es auch dreht, man fliegt von der Schule. Und von der Schule zu fliegen war, entgegen meinen Erwartungen, nicht sonderlich cool.

Die Eltern sind enttäuscht, die Freundin findet's doof. Ausschluss aus der Klassengemeinschaft. Verlust von Kontakten oder sogar Freundschaften.

Mir speziell boten sich nach dem Scheitern zwei Möglichkeiten: entweder direkt steil bergab, runter auf die Hauptschule, oder als Zwischenstopp die Realschule.

Die Lehrer und Direktoren der verschiedenen im Kreis ansässigen Schulen hatten selbstverständlich miteinander kommuniziert, und keiner von ihnen hatte den pädagogischen Ehrgeiz, sich eines Fünfzehnjährigen aus intakten sozialen

Verhältnissen und mit besten Voraussetzungen anzunehmen. Ihre Aufmerksamkeit galt Schülern, die sich nicht sehenden Auges und selbstverschuldet zum Opfer degradierten und aufs Abstellgleis beförderten. Zu Recht.

Vom Abstellgleis aus fuhren dann nur noch zwei Züge mit One-Way-Ticket. Und zwar in Richtung Internat ganzweitweg und in Richtung Ausbildung vor der Tür.

In meiner bescheidenen schulischen Karriere hatte ich mir durchaus einiges Wissen darüber angeeignet, was ein Internat ist. Im ersten Moment flackerten vor meinem inneren Auge lebhaft unschöne Szenen auf: große Schlafsäle, superfrühes Aufstehen und Bettenmachen, militärische Strenge, Gebete, Homosexualität, Schülerverbindungen und Saufen mit Haltung und Stolz und bis zum Umfallen.

Kurz darauf schob sich in meine Vorstellung vom Internatsabsolventen hingegen das Bild vom Getümmel der Abschlussfeierlichkeiten und dem Dress eines amerikanischen College-Primus. Frenetisch feiernde Eltern mit Tränen des Stolzes und der Erleichterung in den Augen. Eltern, die sich selbst auf die eigene Schulter klopfen und sich gegenseitig beglückwünschen, alles richtig gemacht zu haben. Eltern, die nicht müde werden, gegenüber ihren Platznachbarn bei der Zeremonie zu betonen, dass ich ihr Sohn sei.

Danksagungen und Einträge von Professoren im Jahrbuch, meine Unterschrift in die Ehemaligenwand eingraviert wie die Namen der im Krieg gefallenen CIA-Spione in Langley. Berichte des Schulpsychologen über meine Person. So wie die Berichte, die Robin Williams mit immer tatwaffenpräzise gespitzten Bleistiftminen über den hochbegabten Good Will Hunting in sein Moleskine kritzelte. So schnell kritzelte er, weil sein hochintelligenter Patient im Sekundentakt Myriaden neuer Facetten seiner immens interessanten Persönlichkeit entwickelte. Und so wäre das bei mir, Good Max Strohe, dann auch gewesen.

Wenn man zu meiner Zeit ein Gymnasium bis zur achten Klasse besuchte, wusste man zwar, was ein Internat ist, aber man wusste nicht so recht, was eine Ausbildung ist.

Zumindest bereitet der Lehrplan einen nicht darauf vor. Vielleicht habe ich es auch einfach nicht mitbekommen oder in Gänze ignoriert.

Nachdem ich also das ein oder andere Internat in Augenschein genommen hatte und mir dabei nicht unbedingt warm ums Herz geworden war, kam meine Mutter mit viel Verständnis und der Möglichkeit einer Ausbildung um die Ecke.

Es galt nun herauszufinden, was mir liegt oder was ich gerne tue. Viel Zeit blieb nicht, die Sommerferien waren in vollem Gange, Mittelmeersommer und so.

Ich musste mit Erschrecken über mich selbst erfahren, dass ich handwerklich vollkommen unbegabt bin, was mich in eine denkbar ungünstige Position manövrierte: Völlig talentfrei, ohne Begeisterung und ohne Schulabschluss einen handwerklichen Ausbildungsplatz zu finden, in einem kleinen Kaff, in dem den meisten Einwohnern meine demonstrative Lethargie nur allzu gut vertraut war.

Was mir immer verhältnismäßig viel Freude bereitet hatte, war das gemeinsame Kochen daheim. Und mit ein bisschen Glück und Beziehungen kam ich in der Hoffnung, meine kulinarische Unfähigkeit etwas kaschieren zu können (immerhin wusste ich, wie man aß), zu einer Praktikumsstelle in einer Küche.

Das Team in der Wendelinusstube ist klein. Familienbetrieb, zwei Generationen.

Die Eltern, Barbara und Werner, fungieren so ein bisschen als Geldgeber und Aushilfen, ihr Sohn Thomas betreibt den Laden gemeinsam mit seiner Langzeitfreundin Susan. Martin ist Thomas' rechte Hand.

Dorfstraßenseitig teilen sich Restaurant und Dorfschänke einen Eingang. Man tritt ein, rechts Gastraum und links Kneipe. Geradeaus befindet sich eine Tür mit der Aufschrift »Privat«. Als meine Mutter mich zum ersten Arbeitstag meines Praktikums in Koisdorf abliefert, betreten wir meine sozusagen erste Wirkungsstätte durch den Haupteingang. Oder, besser gesagt, den Eingang für die Gäste. In Zukunft jedenfalls werde ich den Laden über den Hintereingang betreten, mit eigenem Schlüssel. Personal VIP, klar.

Dienstbeginn ist um vierzehn Uhr.

Natürlich, und da hat meine Mutter großen Wert drauf gelegt, sind wir schon um dreizehn Uhr dreißig vor Ort. Meine Chefs begrüßen das sichtlich erfreut, aber nicht überrascht. Ich frage mich, was das wohl für eine komische Welt ist, mit der ich da gerade zu kollidieren drohe. Seltsam, dass man für cool gehalten wird, wenn man pünktlich kommt. Gott sei Dank redet meine Mutter. Ich liebe sie sehr.

Die beiden Köche in strahlendem Weiß stellen sich mit Vornamen vor, wir sind gleich per du. Jetzt geht es durch die verbotene Tür, und zack bin ich drin, backstage, auf privat. Ich winke meiner Mutter von der Türschwelle aus goodbye.

Auf der ersten Etage befinden sich ein paar Fremdenzimmer, ein Personalraum, gleichzeitig Umkleide, das Trockenlager, »Magazin« genannt, und die Küche samt Kühlhaus, Spülküche und einem kleinen Lastenaufzug, der die angerichteten Teller dann später, während des Abendservices, von oben nach unten fährt.

Ich ziehe mich um, habe ein weißes T-Shirt, eine karierte Kochhose mit fürchterlichem Schnitt und weiße Birkenstock, Modell Boston, im Gepäck. Ich betrachte mich im Spiegel und bestätige achselzuckend den peinlichen Look. Die Schuhe machen mir am meisten zu schaffen.

In dieser Aufmachung betrete ich die Küche, bin froh, mir trotz Aufregung und Unsicherheit den Weg gemerkt zu haben. Ich entdecke Martin und bin erleichtert: Er trägt auch Birkenstock. Allerdings sind seine schwarz und ein bisschen runtergerockt, cooler, fast verwegen.

Martin führt mich im Haus herum. Zuerst geht es in den zweiten Stock, im Eilschritt, er nimmt mindestens drei Stufen auf einmal.

Mit den Händen in den Hosentaschen, die Hose unter den Arsch drückend, komm ich da nicht hinterher. Scheiß auf Style, Zeit scheint hier knapp zu sein.

Oben befinden sich weitere Zimmer und auch die Wohnung vom Chef und seiner Frau. Außerdem ein weiteres Lager mit Gefriertruhen, Tischen, Stühlen und allerhand Zeug, das ich nicht zuordnen kann. An das Lager grenzt eine überdachte Terrasse. Kein Zutritt für mich, auch nicht, wenn ich schon Privatstatus habe. (Da weiß ich noch nicht, warum.) Jetzt geht es von ganz oben nach ganz unten. Weinkeller und ein weiteres Kühlhaus. Hier hängt ein Reh, es wird rheinischer Sauerbraten mariniert.

Kurze Einweisung in die Küche. Zweimal vier Flammen Gasherd gespiegelt, Elektro-Doppelfritteuse, Kippbratpfanne. Kühlschubladentische, kleines Kühlhaus in der Ecke bei der Haubenspülmaschine von Hobart, riesiges Doppelwaschbecken, in dem ich mir in Zukunft das ein oder andere Mal die Haare färben werde. Schneidebretter in verschiedenen Farben. Die Größe der Maschinen, aber auch der Töpfe und Pfannen, ist enorm. Die polierten Edelstahlflächen reflektieren das kalte Licht der Neonröhren.

Ich weiß noch, dass ich dachte, ich könne ganz gut kochen. Ich weiß auch, dass ich das nicht mehr dachte, als ich herausfand, dass ich Lauch nicht von Stangensellerie unterscheiden konnte.

Ich weiß noch, wie ich staunte, als Martin Zwiebeln schälte, ohne zu weinen, und sie schnitt, ohne hinzugucken. Er schnitt die Zwiebeln, ohne sein Messer abzusetzen, frei nach seinem Motto: Arme und Beine bilden eine rotierende Scheibe.

Ich weiß noch, wie die Seniorchefin in die Küche kam: Eben hatte sie noch in einem der nicht belegten Fremdenzimmer herumgefläzt und sich eine dieser gruseligen Seifenopern reingezogen, und schon flitzte sie durch die Küche, bediente die Industrie-Spülmaschine, zog Besteck aus dem brühend heißen Wasser, ohne mit der Wimper zu zucken, half mal hier und mal dort aus und nuschelte im tiefsten Kölschen Platt vor sich hin.

Ich weiß noch, wie ich ständig das Gefühl hatte, im Weg zu stehen (was ich auch tat), und bestimmt, aber respektvoll ermahnt wurde, die Hand gefälligst aus der Hosentasche zu nehmen. Wie ich dabei innerlich die Augen verdrehte, aber sofort spurte.

Ich weiß noch, wie mir alle alles Mögliche zum Probieren reichten. Saucenansätze, Schokoladenmousse-Basis, Bratkartoffeln, Sauce Tartare. Hier war viel Liebe im Spiel. Und Stolz. Alle schienen absolut zufrieden und erfüllt in ihrer Tätigkeit aufzugehen.

Ich hatte endlich das Auto von den Metroeinkäufen befreit und sollte nun den Rest meines ersten Tages in der kalten Küche verbringen, die Saladette auffüllen. Karotten schälen und Zwiebeln. Gurken schälen und durch eine Maschine schieben, um sie zu hauchdünnen Scheiben zu verarbeiten. Tomaten waschen und in Ecken schneiden, vorher den Strunk entfernen. Mais und Kidneybohnen aus ihren Dosen holen, abwaschen und umfüllen.

Meine schwierigste und in ihrer Absurdität kaum zu übertreffende Aufgabe allerdings war: Petersilie hacken.

Hierzu nimmt man krause Petersilie und wäscht sie zunächst.

In einer Salatschleuder zentrifugiert man das haften gebliebene Wasser wieder von dem »Peter« (und so darf man Petersilie anscheinend nennen, wenn man sie lange genug kennt). Insgeheim stelle ich mir vor, wie sich Roger Moore 1979 in *Moonraker* gefühlt haben mag. Leider kommt mir kein leicht bekleidetes Bond-Girl aus dem Waschbecken entgegen.

Aus der Schleuder zupfe ich zuerst die Blätter von den Stielen auf das grüne Brett. Wir wollen hier absolut ausschließlich das krause Blatt, Überreste wandern in einen riesigen Topf, in dem ein Fond vor sich hin simmert.

Meine Spezialwaffe zur Zerkleinerung des Krautes ist ein sogenanntes Wiegemesser. Man höre und staune, man wiegt es nämlich in enormer Geschwindigkeit von rechts nach links und von vorne nach hinten und wieder zurück über den Peter hinweg.

Peter klein, alles fein. Im nächsten Schritt positioniert man das Gut im Zentrum eines angefeuchteten Passiertuchs, rollt alles zu einem Ball und drückt das beim Wiegen ausgetretene chlorophyllhaltige Wasser unter Zuhilfenahme aller im Bizeps gespeicherten Kraft wieder heraus.

Anschließend wird es auf Küchenpapier ausgebreitet und unter eine Wärmelampe zum Trocknen gelegt. Die nun bis zur Unkenntlichkeit entstellte Petersilie verliert sich in einem fiesen Grauton und riecht nach Hasenstall. Der Service wird sie später dazu nutzen, sie rundherum auf den Tellerrand zu streuen, wo sie dekorativ wirken soll.

Was für ein Kokolores.

Am ersten Abend meines Praktikums essen zwanzig Gäste im Lokal. Die meisten von ihnen nehmen eine Vorspeise und einen Hauptgang. Desserts gehen kaum welche raus. Ein festes mehrgängiges Menü gibt es nicht. Martin arbeitet auf dem Posten des Entremetiers und bereitet Beilagen und Suppen zu.

Der Chef kocht als Saucier, brät Fleisch, dämpft Fisch und schmeckt die Saucen ab. Ich mache die kalte Küche zusammen mit der Seniorchefin. Von unserem Posten gehen eigentlich nur Salate raus, da aber fast überall einer dazugeht, ist trotzdem genug zu tun.

Die Bons mit den Bestellungen kommen über den Aufzug aus dem Restaurant direkt in die Küche. Ich nehme sie heraus und überbringe sie dem Meister, der sodann laut und deutlich und mit fester Stimme seiner Mannschaft die Bestellung der Gäste annonciert.

Martin ist schnell und rau im Ton. Vielleicht weil er so konzentriert ist. Die beiden Köche tauschen hie und da ein paar Blicke, es wird wenig gesprochen. Dennoch scheint alles nach Plan zu laufen. Beide sind zeitgleich mit der Zubereitung der verschiedenen Komponenten fertig, eilen im Stechschritt zum Pass (so nennt man die Fläche, die allein für das Anrichten frei gehalten wird, in Küchenfachsprache, eine Edelstahlfläche unter wärmenden Lampen) und richten wortlos und präzise an. Eine erstaunliche Choreografie. Ich bin sofort Fan.

Ich probiere ein Schnitzelchen nach Wiener Art, dazu verschiedene Saucen.

Auf der Speisekarte stehen noch Kässpätzle (mein Favorit, Käse gewinnt immer), Schweinefiletmedaillons in Apfel-Calvados-Rahmsauce mit flambierten Apfelspalten und Kartoffelkroketten. Ein Rumpsteak mit Kräuterbutter, Pommes frites und Salat. Ein Grillteller mit verschiedenen Sorten Fleisch. Hausgeräucherter Lachs mit Sahnemeerrettich. Ein gesottener Tafelspitz mit Bouillongemüse. Rheinischer Sauerbraten in einer wahnsinnig geilen Sauce mit Rosinen drin und mit Grafschafter Goldsaft und Schwarzbrot. Dazu werden Apfelrotkohl und Semmelknödel gereicht.

Wann immer sich eine Pause anbietet, verabschiedet sich der Chef hinauf in seine Wohnung und macht Buchhaltung oder so an seinem Computer.

Barbara schaut Seifenopern oder Quizsendungen in einem der Zimmer. Ihr Mann verbringt die Abende damit, in der Kneipe quasi sein bester Gast zu sein, mit den Junggesellen zu knobeln und über den mäßigen Erfolg seines Vereins Borussia Mönchengladbach zu schwadronieren.

Martin arbeitet eigentlich unentwegt. Manchmal macht er eine Zigarettenpause. Im Flur vor der Küche steht er an einen Haushaltskühlschrank gelehnt, steckt seine West in den Mundwinkel und raucht sie in einem durch. Ein überfüllter Aschenbecher ist Zeuge.

Die ersten zwei Wochen meines Praktikums bereiten mir tatsächlich Freude. Das Team, die Familie, alle sind sehr nett und einfach liebe Menschen. Ich werde sehr familiär und wohlwollend in die Mannschaft aufgenommen. Die Arbeitsstunden bis in den späten Abend entsprechen meiner vagen Vorstellung, eine Art Rock-'n'-Roll-Lifestyle. Nachts falle ich müde und mit wohliger Bettschwere in meine Träume, während ich noch nach Küche dufte. Morgens ausschlafen zu können, gefällt mir ebenfalls. An meinem letzten Tag bekomme ich eine Kochjacke geschenkt, mit meinem Namen draufgestickt. Dazu gibt's eine unverschämt große Portion Lob und etwas Trinkgeld. Mir wird ein Ausbildungsplatz angeboten und eine monatliche Entlohnung in Höhe von sechshundert Mark. Sechshundert Mark?

Warum hat man mir das nicht gleich gesagt?

Deal!

2

März 1997, ein halbes Jahr zuvor. Sinzig am Rhein. Stadt der Gewinner.

Ein Herr im besten Alter – der Gang vom Gewicht seines Bauches leicht vornübergebeugt, die Arme hinter dem Rücken verschränkt – betritt gemächlich in Schaufensterbummel-Gemütlichkeit mein Zimmer.

Die Sohlen der braunen Lederschuhe, die ich später als John-Lobb-Doppelmonk aus Pferdeleder und mit Rosshaarnaht identifizieren würde, sind an den Fersen mit Kupfer beschlagen und geben einen trippelnden, aber unaufgeregten Takt vor. Seine Augen huschen scheu umher, der Blick neigt sich hinab. Eine Bakelit-Lesebrille liegt schief auf der Nasenspitze. Die Augen, halb dahinter verkrochen, halb darüber hinwegfunkelnd, raubtierartig, aber gütig, meiden Blickkontakt. Ein Dreitagebart und strähniges, kinnlanges Haar rahmen das symmetrische und schöne Gesicht.

Er schiebt den Kiefer und die Unterlippe vor, bläst ruckartig Atemluft nach oben, um eine Strähne seines Haares aus den Augen zu vertreiben.

Den Ellenbogen seines rechten Armes winkelt er auf seinen Bauch gestützt an, ergreift fest meine Hand, zieht mich zu sich, schnuppert an meinem Haar und küsst meine Wange.

»Maximilian, mein junger Sohn, Schmitz-Avila mein Name. Wie ich höre, begleitest du mich nach New York.«

Es ist früh am Morgen, so ungefähr vier Uhr. Ich fühle mich unbehaglich und bin verunsichert. Mein Großvater und ich laden den Vater vor seinem Haus ein, einer Jugendstilvilla aus dem Jahre 1905, direkt am Rhein, und fahren zum Koblenzer Hauptbahnhof.

Ich versuche, unbeobachtet den Vater dabei zu beobachten, wie er daran scheitert, am Automaten des Bahnhofes eine Fahrkarte zu kaufen, und kurz davor ist, die Kontrolle zu verlieren. Ein dicker Batzen unsortierten Bargeldes in großen Scheinen in der einen Hand und ein ständig erlöschender Zigarrenstummel in der anderen tragen weder zur Lösung des Problems noch zur Beruhigung bei. Mein Vater, und das würde ich von nun an noch ausführlicher studieren können, besaß das Nervenkostüm eines stolzen und überzeugten Cholerikers.

Ein ziemlich verwirrter und allem Anschein nach wohnungsloser Mann (ein Penner, so der Vater) flüchtet mit einer Glocke in der Hand vor der Polizei, hinein in den an eine vollgepisste Unterführung erinnernden Tunnel, von dem aus Aufgänge zu den verschiedenen Gleisen führen.

Alle paar Meter stoppt der Verfolgte, hält kurz inne und horcht sodann mit gespitzten Ohren und halb verdrehten, wie runtergeschluckt wirkenden Augäpfeln dem Klang der Glocke, die er mit seinen stark verschmutzten Fingern energisch läutet, formt die Lippen zu einem O und trillert die Klänge der Glocke als Echo hinterher, verstummt dann und rennt wie ein Fußballspieler nach dem Anpfiff wieder davon.

Mit allerhand Gepäck (der Vater reist stilsicher mit Rimowa-Koffern und Ärztetasche aus Krokodilleder, ich mit irgendwas mit Reißverschluss und Nike-Rucksack), aber ohne Zugfahrkarte steigen wir in den ICE Richtung Frankfurt-Flughafen.

Zäh verstreicht die Zeit, während das Land draußen langsam in Morgenröte getaucht wird. Meine Versuche, die Stimme zu einem Gespräch zu erheben, werden vom Rattern der unebenen Bahngleise unterdrückt. Während wir einander anschweigen und ich mir wünsche, dass wir nicht beim Schwarzfahren erwischt werden, wünsche ich mir, dass wir beim Schwarzfahren erwischt werden, damit unsere Reise endet, bevor sie begonnen hat.

Ich beobachte den Vater dabei, wie er versonnen und schlaftrunken aus dem Fenster schaut und sich seine Augen dabei ganz schnell bewegen, und ich wünsche mir, ich könnte mich selbst dabei beobachten. Weil ich wissen möchte, wie ich dabei aussähe.

Ich stelle mir vor, wie der Sehmuskel-Bizeps des Vaters platzt, ohne dass er es merkt. Weil er so versonnen dreinschaut und gar nichts mitbekommt von der Anstrengung seiner Augen und der Anspannung seines Sohnes.

Wir erreichen Frankfurt, ohne kontrolliert zu werden.

Durch die Lautsprecher im Flughafeninneren hallt der letzte Aufruf für Dr. Schmitz-Avila.

Zögerlich weise ich den Vater darauf hin, und wir spurten zum Gate.

Der Vater schreit umher, seine offene Gürtelschnalle pendelt im Auf und Ab der eiligen Schritte zwischen den Kniekehlen. Seine Kupferhufe klackern schmetternd auf dem gefliesten Boden der endlosen Hallen.

Auf unseren Plätzen im Nichtraucherbereich des Flugzeuges pafft der Vater die letzten Züge seiner Montecristo-Zigarre und reagiert mit völligem Unverständnis auf das Unverständnis unserer Mitreisenden.

Er stattet mich mit allerlei Lektüre des ADAC über New York aus, schluckt eine Schlaftablette, wünscht mir und sich selbst einen ganz großartigen Flug, ignoriert die Aufforderung zum Anschnallen und schläft fast auf der Stelle ein.

Aus den Lautsprechern bei der Zollkontrolle des Flughafens Newark läuft die Boyzone-Version von Cat Stevens' Song »Father & Son« in Endlosschleife. Der Vater ist bestens aufgelegt und ausgeschlafen, hat er doch gerade den drohenden Jetlag mit einer doppelten Mütze Schlaf überlistet, wie er behauptet. Den Antrag für sein Visum hat er im Flugzeug von mir ausfüllen lassen, für so eine kleinkarierte Scheiße habe er weder Zeit noch Verständnis.

Er wird eingehend studiert, gefilzt und gründlich überprüft. Im Gespräch mit den Beamten weigert er sich, von seiner Fähigkeit, Englisch zu reden, Gebrauch zu machen, spricht stattdessen in Hochgeschwindigkeit Französisch und ist nicht verlegen, hie und da mal ein griechisches Schimpfwort süffisant in seinen Monolog hineinstolpern zu lassen. »Wissen Sie, was ein Idiot ist?«, fragt er.

»Just relax, take it easy, you're still young, that's your fault, there's so much you have to know.«

Die große Menge Bargeld, Deutsche Mark und US-Dollar, sorgt zusätzlich für einige Verwirrung, genauso wie die zwei unterschiedlichen Nachnamen in unseren Pässen, nachdem wir uns als Vater und Sohn vorgestellt haben.

Ich selbst habe mich vorbildlich vorbereitet, trage, wegen

der hohen Kriminalität in den USA und insbesondere natürlich in New York, Brustbeutel mit American-Express-Travellerschecks und einigen wenigen Dollar Bargeld, versteckt unter meinem Pullover und nah beim Herzen.

Während der Vater mit den Beamten herumdiskutiert, verliert mein Verstand vor lauter Müdigkeit so allmählich den Anschluss, ich drifte ab in stumme Isolation und stelle mir vor, wie wir in einer Seitenstraße überfallen werden, in der Bronx natürlich oder in Harlem. Von hungrigen und entzugsgeplagten Drogensüchtigen, die Gangsta-Rap hören und nichts mehr zu verlieren haben. Wie sie hektisch und unorganisiert im Schallschutz des immerwährenden Sirenengeheuls auf uns einbrüllen, der Vater sie ignoriert oder gar in irgendeiner toten Sprache beschimpft. Ein Schuss löst sich in all der Aufregung, panisch und wie zufällig aus einer nicht registrierten Billigknarre, eine Kugel schnellt hysterisch aus dem Lauf.

Durch die Todesangst zur Höchstleistung manipuliert, werfe ich mich intuitiv und theatralisch und in Zeitlupe in die Schusslinie, mein komplettes, zu kurzes Leben zieht in wenigen Augenblicken an meinem inneren Auge vorbei.

Die dicke Schicht aus Geld und Schecks im Brustbeutel vor meinem Herzen (über dessen Spießbürgerlichkeit sich der Vater pausenlos amüsiert) rettet mein Leben und ich das des Vaters. Mein Vater, das war eine der ersten Einsichten, führte das Leben einer alten Seele im Geiste eines kleinen Kindes. Ein Leben, das prall gefüllt war mit den schönen Dingen der Vergangenheit, alten Werten und toten Sprachen.

Ich zeige meinen Reisepass und mein ausgefülltes Touristenvisum vor und bestehe somit den Einreisetest ohne Beanstandung.

Nach einigem Hin und Her und mehreren vehement vereitelten Versuchen des Vaters, sich eine Zigarre anzuzünden, werden wir schließlich durch große Schwingtüren hinaus in die Freiheit der unbegrenzten Möglichkeiten entlassen, und ich frage mich, warum es in den USA nicht ganz besonders gut riecht, so verheißungsvoll und mächtig, und bekomme keine Gänsehaut.

Den Himmel des Ford Crown Victoria Yellow Cabs zieren unzählige bunte Pins und Buttons verschiedener Musiker und Zeitschriften, diverse Messages und Parolen. Die Sex Pistols hängen über uns herab, neben den Pet Shop Boys ragt ein Hakenkreuz aus einem Mülleimer, und die Jungs von Metallica stützen sich auf die New York Knicks. Ich sitze hinter dem Fahrer und erfreue mich daran, dass alles in den Taxis genau so zu sein scheint, wie man es aus den berühmten Hollywood-Klassikern mit Robert De Niro und Al Pacino kennt.

Mein Vater verschlingt vor dem Einsteigen noch ganz schnell etwas sehr Fettiges, von dem ich nicht weiß, woher er es hat, mit einem großen Bissen, wischt sich die fettigen Finger in den Haaren ab und fixiert seine Frisur, als würde er Gel benutzen, ein wenig nach hinten, entzündet sich, auf theatralische Weise dem Wind ausweichend, endlich diese verfluchte Zigarre und lässt sich auf den Sitz neben mir fallen. Er schreit zufrieden: »Mich kannste schicken!«

Bevor es unser Fahrer bemerkt oder sich beschwert, kurbelt der Vater die Fensterscheiben der Hintertür ein wenig hinunter, steckt die Zigarre hindurch, kurbelt das Fenster wieder hoch und klemmt sie ein. Mundstück im Auto, qualmende Glut außen. Auf Spanisch weist er dem Fahrer die Richtung und das Ziel. Beide lachen, der Vater lacht lauter.

Er beugt sich vor, streckt den Kopf zum halbgeöffneten Fenster und pafft genüsslich an der Zigarre. Er erinnert mich stark an Jack Nicholson, wie er da an der Zigarre nuckelt.

Er zwinkert mir zu, und ich bin stolz, es bis hierhin geschafft zu haben, und wende mich, eine Träne vergeudend, von ihm ab und ergebe mich dem Sog der Stadt.

Der Vater verabschiedet sich an der Aufzugtür, drückt mir zweitausend Dollar in die Hand und verabredet sich mit mir für den übernächsten Tag zum Abendessen, Treffpunkt um zwanzig Uhr vor dem Hotel.

Mein Einzelzimmer im Hotel Waldorf Astoria ist in etwa so groß wie die Wohnung, in der ich mit meiner Mutter lebe. Ein Page erklärt mir in akustisch schwer verständlichem Englisch die Vorzüge meines Zimmers, untersagt mir wild fuchtelnd den Zugriff auf die Bar und verlässt unaufgefordert, aber sichtlich verärgert das Zimmer.

Hohe Decken, ein Teppichboden so dick und tief und weich wie nasses, sattes Moos, bodentiefe Vorhänge, Wände mit altrosafarbener und längsgestreifter Tapete, Möbel aus dunklem Mahagoniholz und prächtige riesengroße Kunstdrucke in barocken Rahmen verstärken mein Unbehagen.

Vom Hotelzimmer-Telefon aus rufe ich meine Mutter in Deutschland an, nachdem ich mich mit der Verwendung der Ländervorwahl vertraut gemacht habe. Unter Tränen klage ich ihr mein Heimweh und meine Überforderung, berichte aufgelöst und fassungslos von dem vielen Geld und dem Unverständnis über das abrupte Verschwinden des Vaters.

Vehement klopft es an meine Zimmertür. Ich öffne zögerlich die wie bei Chesterfield-Sitzmöbeln mit Leder bezogene Tür, und der Vater poltert, eine Arie pfeifend und nur mit Shorts und Poloshirt bekleidet, in mein Zimmer herein.

Was ich wollen würde, fragt er. Und ob ich besoffen sei, ob ich wüsste, was das kosten würde, vom Hotel aus nach Deutschland zu telefonieren. Und was ich nun vorhätte, jetzt, wo er schon mal da sei. Womit man sich in meinem Alter denn so die Zeit vertreibe.

Am frühen Morgen verlassen wir gemeinsam das Hotel, Manhattan habe man zu Fuß zu erkunden, so der Vater. Die Straßen sind noch leer, die Luft liegt bleiern und diesig auf dem unebenen Asphalt der Gehwege. Ampeln springen stumm von Rot auf Grün, niemand folgt ihrem Geheiß. Vereinzelt schreckt ein einsames Hupen ein paar übriggebliebene Tauben auf, große Müllwagen leiden unter ihrer schweren Hydraulik und schleppen sich von Container zu Container. Aus Kanaldeckeln strömt zu dichtem Dampf gewordene warme Luft, an Ecken und in Seitenstraßen suchen Obdachlose in Mülleimern nach Essensresten und Zerstreuung. Trübes Putzwasser rinnt die Schaufenster der Designerboutiquen hinab und kräuselt sich wie Bierschaum in den Abflüssen auf den Straßen. Rollgitter von Luxusuhrenherstellern und Juwelieren werden unter rostigem Geheul langsam emporgezogen.

Wir frühstücken in einem Diner. Spiegeleier, Speck, Bratkartoffeln und Toast. Orangensaft und Kaffee, so viel man möchte. Der Vater verlässt kurz seine Deckung als Englisch-Verächter und studiert die *New York Times*.

Als wir das Diner verlassen, sind die Straßen nahezu überfüllt. Taxis hupen mehr, als dass sie vorwärtsfahren, eilige New Yorker holen sich im Stechschritt Kaffee und Gebäck auf die Hand, verzehren und verschlingen ihr Frühstück im

Eiltempo, und die Stretchlimousinen schweigen vornehm im Stau.

Im Schatten der Hochhäuser gibt es kaum Licht, man sieht auch gar nicht, wie hoch die Häuser sind, weil der eigene Horizont einen daran hindert. Gelegentlich blicke ich nach oben, die Häuserschluchten hinauf, und suche ein Stück Himmel als Fluchtpunkt zwischen den Wolkenkratzern, und mir wird schwindelig.

In der Grand Central Station beobachten der Vater und ich eine Horde uniform gekleideter Asiaten in schwarzen Anzügen, mit Aktenkoffern aus unpoliertem Edelstahl in den Händen. Regungslos schweben sie die Rolltreppen zum MetLife Building hinauf, als sei es ein fliegender Ameisenhaufen. Das sei geil und widerlich zugleich, erklärt der Vater.

Es geht hinunter in die Katakomben des Bahnhofs. Die bogenartigen Konturen des gefliesten Gewölbes fassen die schimmernden Kappendecken ein, und es wirkt irgendwie so, als seien sie mit Lichterketten dekoriert.

Kleine Tische stehen eng beieinander. Die weiß-rot karierten Tischdecken sehen aus wie ein zusätzliches Mosaik über dem Fliesenboden und lassen die Grenzen ineinander verschwimmen. Wie Raumtrenner stehen vereinzelte Tresen-Elemente herum. Prächtige Hocker aus weißem Leder von Williston Forge warten großzügig bepolstert auf die Gäste, während unzählige livrierte Kellner mit Latzschürzen reichlich ignorant umherrennen.

Der Vater pfeift ansatzlos kurz sehr laut. So wie wenn man auf zwei Fingern pfeift. Nur ohne die Finger.

Wir werden zu einem kleinen quadratischen Tisch gebracht, die Speisekarte ist auf ein loses Blatt Papier gedruckt.

Meinen Versuch, mir eine Fanta zu bestellen, unterbindet der Vater rüde. Plastik sei nicht zum Saufen da, da könne ich auch gleich Kaugummis fressen, statt Austern zu schlürfen.

Wir trinken sehr kaltes Wasser mit »Zitsch« und eine Flasche deutschen Riesling.

Der Vater demonstriert mir traumwandlerisch sicher, wie man sozusagen die Speisekarte rauf und runter bestellt, ohne aber tatsächlich alles zu bestellen. So wie man zwischen den Zeilen liest. So wie Helmut Kohl regiert habe.

Zur Vorspeise gibt es Taschenkrebs im eigenen Körper serviert, gratinierten Hummer nach Thermidor-Art aus Maine, Garnelen zum Selberpulen mit einer Aioli, mehrere Sorten Austern in »Halbes Dutzend«-Einheiten mit einer Vinaigrette und mit weißem, »ordinärem« Pfeffer, wie der Vater sagt, geviertelten Zitronen und Tabasco. Der kleine Tisch ist zum Bersten gefüllt.

Ob wir noch jemanden erwarten, werden wir gefragt. Es soll jetzt zügig weitergehen, subito, bloß nicht nachlassen, der Papst sei schließlich schon da, so der Vater. Mein theatralisches Schälen der Krustentiere mache ihn wahnsinnig; wenn's geil sei, müsse man's sich nicht rarmachen. Kopf abdrehen, schön mit Gefühl, dann bis auf das letzte Schwanzglied alles mit Schale essen und mit dem Saft aus den ausgelutschten Köpfen runterspülen.

Kurz hinterher folgen Seezunge in einer Zitronen-Beurre-blanc, Lotte mit Kapern, Jakobsmuscheln in einer Rahmsauce mit reichlich Noilly Prat und feingeschnittenem Schnittlauch, ein Thunfischsteak, Fritten und ein wenig grüner Spargel. Unser Tisch ist mittlerweile durch einen Beistelltisch erweitert worden. Wir essen zügig, aber voller Wonne. Es ist eine herrliche Sauerei.

All das Seafood gäbe ordentlich Tinte auf den Patronenfüller, man könne Kinder sozusagen rausschießen, das Glied würde zur Pumpgun, so der Vater. Ich frage mich, wovon er spricht.

Essen sei geil. Ficken noch geiler, aber am geilsten sei Pofen, in dieser oder umgekehrter Reihenfolge.

Bevor wir die Oyster Bar verlassen, öffnet der Vater die oberen Knöpfe seines Hemdes. Er schwitzt stark und zahlt in bar. Draußen auf den Straßen der Metropole zündet er seine Zigarre an, öffnet den Gürtel und steigt aus seinen Schuhen. Auf einer Bank vor dem Central Park legt er sich hin und beginnt, ungarische Folklore zu singen. Während der ersten Strophe schläft er ein, sein Schnarchen löst seine Stimme ab im Duett mit sich selbst.

Während unseres mir irgendwie endlos erscheinenden Verdauungsspaziergangs durch die Häuserschluchten Manhattans, vom Central Park aus über Chinatown in den Financial District, genehmigen wir uns eine Pause bei Dean & DeLuca am Broadway, Ecke Prince Street.

Das straßenseitig zur Schau gestellte Obst und Gemüse erinnert in seiner farblichen Übersteuerung und seiner einer architektonischen Skizze ähnelnden Perfektion an die Marzipankunstwerke aus Adolf Hitlers Geburtsland.

Drinnen gibt es deftige Sauereien. Der Vater bestellt mehrere Kilo gegrillte Chicken Wings und Hähnchenschenkel, noch ein paar gratinierte halbe Hummer und die krossen Enden fast versengter Brote. Auf dem Gehweg vor dem Laden weiht er mich feierlich ein in die Kunst des bedachten Verschlingens. Menschen seien Raubtiere, proklamiert er stolz. Mit den Eckzähnen in dem weit aufgerissenen Maul, so deutet er an, gilt es, der Beute das Fell oder, in diesem speziellen Fall, die pikant gewürzte und karamellisierte Haut des Geflügels vom Leib zu ziehen. Wir reißen sodann tatsächlich nur die äußere Hülle von dem saftig gegarten Fleisch, tauchen Brotkrusten in die Fettgerinnsel auf dem Boden der Einwegverpackungen und entledigen uns des überschüssigen Fettes an unseren gespreizten Klauen in unseren strähnigen Haaransätzen. Vorbild für immer.

Am Abend provoziert der Vater in einem Nobelschuppen einen italienischen Muttersprachler am Nebentisch und erklärt mir hinterher, diese unangenehm gebräunte Pfeife habe doch noch bis eben mit der Sense im Feld gestanden und nach Jungfrauen gefischt. Wir werden, von der Last des Bezahlens befreit, des Lokals verwiesen. Der Vater gibt reichlich Trinkgeld.

Reichtum komme schließlich von Geben, lerne ich dazu.

Auf dem Hotelzimmer angekommen spielen wir die ganze Nacht Mau-Mau. Einen Zapfenstreich gibt es beim Vater nicht. Obwohl er der amtierende Weltmeister dieses kurzweiligen Kartenspiels ist, gewinne ich sogar einige Male.

Am nächsten Vormittag besuchen wir die Frick Collection, das Guggenheim Museum und das Museum of Modern Art. Wie im Geschichtsunterricht fragt der Vater mich ab. Künstler, Herkunft, Epoche. »Sag mal, schämst du dich eigentlich nicht, dass du nichts weißt?«, ist seine Antwort auf mein Schweigen.

Nach einer ausgedehnten Shoppingtour und Hotdogs und Donuts vom Straßenstand machen wir uns auf den Weg Richtung Broom Street, Ecke West Broadway, zu Mr. Karl Kemp, einem ehemaligen Kunsthändler-Kollegen aus Köln. Ich trage meine brandneuen Alden Monks, Cap Toe mit Budapester Lochung aus Pferdeleder. Meine Füße schmerzen, werfen Blasen, und im Innern des Schuhs sammelt sich Blut.

Nach einigen vollkommen unnötigen Umwegen finden wir schließlich den Weg zu dem roten Backsteinbau. Mit einem Aufzug fahren wir direkt hoch in die Wohnung.

In der verspiegelten Aufzugtür betrachte ich den Vater und mich. Bis auf die neuen Schuhe an meinen geschundenen Füßen erkenne ich keinerlei Ähnlichkeit. Unser Spiegelbild wird durch die sich langsam öffnende Aufzugtür verdrängt. Vor uns steht ein nackter Mann, der sein bestes Stück, so sagte man, glaube ich, damals noch, in dem Rüssel eines Elefanten-Slips hat verschwinden lassen.

Ich bin sicher, dass mir alle Anwesenden meine Verunsicherung ansehen können. Ich werde augenblicklich ganz rot, so wie die Maine-Hummer. Der Vater bricht in tosendes Gelächter aus, und durch seine Schnappatmung passt sich seine Hautfarbe der meinen fast solidarisch an.

Er geht einen Schritt auf seinen alten Freund zu und greift entschlossen nach dessen Schulter. Anerkennend nickt er ihm zu. Karl Kemp quietscht auf Englisch: »Thomas«, legt seinen Kopf verlegen in den Nacken und zwinkert wild mit den Augen. Durch ein verhaltenes Klingeln meldet sich der Aufzug hinter uns zurück. Drei Callboys, ebenfalls halbnackt, mit allerhand Canapés auf Tabletts und Obst und Sahne auf verschiedenen Körperstellen, stoßen hinzu. Der Vater schnipst geschlagene Sahne von dem Nippel des einen, ein anderer schmiert mir Erdbeersauce ins Haar.

Zum Aperitif am Abend treffen wir Mr. Karl Kemp an der Bar des Oak Room. Die Herren trinken Whiskey. Für mich gibt es wieder keine Fanta.

Die folgenden Tage verbringe ich damit, sowohl mein kläglich Erspartes als auch das obszön hohe Taschengeld des Vaters auf den Kopf zu hauen. Im Madison Square Garden kaufe ich originale Trikots der Firma Champion von meinem NBA-Lieblingsspieler Reggie Miller der Indiana Pacers. Meinen Freunden besorge ich allerlei Merchandise ihrer jeweiligen Lieblingsteams, alles natürlich oversized. In den musealen Gängen der heiligen Sporthalle hängen Trikots ehemaliger Spielerlegenden von den Decken, und ich frage mich bei diesem ehrfürchtigen Anblick, ob der Vater sich wohl schämen würde, weil er von alldem nichts weiß.

Abends gehen wir essen, spielen Mau-Mau und gucken die Playoffs der amerikanischen Basketball-College-Meisterschaft auf dem Fernseher des Hotelzimmers. Tracy McGrady ist in bestechender Form und imponiert mit seiner spektakulären Athletik und seinem Siegeswillen sogar dem Vater.

Mit Swissair fliegen wir über Kopenhagen zurück nach Frankfurt am Main. Wir haben reichlich Übergepäck angehäuft und zahlen ordentlich drauf. Am Zoll des heimischen Flughafens werden dann tatsächlich auch wieder recht übertrieben Pässe und Handgepäck untersucht. Der Vater reagiert angewidert und läuft zu Höchstform auf, noch bevor die Lahmarschigkeit des Gepäckbandes sein Nervenkostüm auf eine weitere Probe stellt.

Am Ausgang des Flughafens erwarten uns des Vaters Frau, mein Halbbruder Julian und meine Freundin Sabrina.

Während wir uns zur Begrüßung küssen, gibt der Vater ihr noch einen liebevollen Rat:

»Mein Sohn hat da einen Mitesser auf der Nase. Beim Ficken später bitte ausdrücken.«

3 Sabrina gehört zu der Art Frau, der schon in der Blüte ihrer Jugend der unangenehme Geruch bevorstehender kleinbürgerlicher Tristesse anhaftet. Wir haben unser erstes Mal miteinander. Einfach so. Oder eher so versehentlich. Trotz ein bisschen Blut auf dem Laken bleibt es eine recht trockene Sauerei.

Sabrina steht auf Füße. Auf ihre eigenen. Manchmal lutscht sie am Daumen, wenn sie Seifenopern guckt, und stellt sich vor, es sei ihr eigener Zeh, da in ihrem Mund.

Sie verzichtet auf Masturbation und pflegt eine fast reservierte Beziehung zu ihrem makellos gepflegten Körper. Sonnenbaden unter UV-Licht-Röhren im Wintergarten gehört genauso zum regelmäßigen Ritual wie das ewig lange Duschen, Rasieren und Eincremen. Es gibt keine zwei Stellen an ihrem Körper, die unterschiedlich stark gebräunt sind.

Haare trägt sie nur auf dem Kopf.

Nur zu gerne holt sie mir mit ihren Füßen einen runter und beobachtet das Geschehen ganz genau.

Zuerst denke ich, ihre lüsternen Blicke gelten meinem vorlauten Schwanz, und bin geschmeichelt.

Sie betrachtet jedoch ihre Füße. Besonders geil macht sie der faltige Teil unter dem Spann.

Wir liegen einander gegenüber, flach auf dem Rücken, sie nimmt meinen Penis zwischen ihre Füße, Schenkel und Waden zu einer Raute geformt, und bewegt ihre Beine gemächlich auf und ab. Unsere Köpfe betten wir auf Kissen. Sie, damit sie sich an ihren Füßen geilsehen kann, und ich, damit ich ab und zu einen Blick auf ihre geschwollene und rosafarbene Vulva erhasche.

Die Fellatio gilt für sie als schmutzig und demütigend, aber sie genießt es, wenn ich sie lecke.

Trotz reichlicher Recherche ihrer erogenen Zonen gelingt es mir nur sehr selten, sie zum Höhepunkt zu bringen.

An einem Sonntagmorgen im August 1997 nimmt sie meinen Schwanz und steckt ihn sich spontan in den Arsch.

Ihr Anus ist eng und trocken. Mein Glied heiß und hart. Es tut uns beiden ein bisschen weh.

Im Verhältnis zum Koitus in Löffelchen-Stellung verändern wir den Winkel beim Eindringen ein bisschen, und sie erhöht sowohl Druck als auch Willenskraft um ein Vielfaches.

Ihre Mutter betritt, wie so oft, nach kurzem Klopfen abrupt das Teenager-Zimmer, verkündet den Tod der Princess of Wales: »Dat Lady Di, dat hättet hinter sich!«, und verlässt das Zimmer, wie sie es betreten hat. Sabrina kommt augenblicklich, ganz still, wie nie zuvor, und ist völlig begeistert darüber, dass mein Sperma aus ihrem Hintern die Schenkel hinabrinnt. Sie erklärt mir, dass sie sich zukünftig von mir wünsche, dass ich das Sperma aus ihrem Rektum von ihren Schenkeln aufsauge und ihr wahlweise auf Brüste oder Füße spucke.

Da wir fortan fast ausschließlich Analverkehr haben, ersparen wir uns peinliche Gänge auf die Toiletten diverser Kneipen, um dort anonym Kondome zu kaufen.

Auf einer Party meiner ehemaligen Klassenkameraden betrüge ich Sabrina mit der Lehrerstochter Kerstin Groß. Sie steckt ihre Zunge in mein Ohr und lutscht dann meinen Schwanz. Im Hintergrund laufen die Rolling Stones. Irgendjemand hebt vor einem Spielplatz Kanaldeckel aus. Ein kleiner Junge bricht sich das Bein.

4 Die Betriebsferien in der Wendelinusstube werden mit einem grausigen Fischessen an Aschermittwoch eingeleitet.

Tiefkühl-Fischfilets werden nach der Bestellung in warmem Wasser reanimiert, der Laie würde sagen: »aufgetaut«, mehliert und dann in Bierteig ausgebacken und mit Sauce tartare gereicht. Sogenannte – Obacht, schwieriges Wort – Röstiecken (ebenfalls gefroren gekauft) dienen als – Achtung, schlimmes Wort – Sättigungsbeilage.

Beilagensalat. Gurke in Essig-Öl und gerebeltem Dill. Karotte, vierkantgerieben, mit Orangensaft und Salz und Zucker. Bunte Blattsalate in Hausdressing aus Mayonnaise, getrockneten Kräutern der Provence, Maggi, einer beachtlichen Menge Kristallzucker und dem Gewürz H-Milch.

Schellfisch in Senfrahmsauce mit Kartoffelpüree aus der Tüte. Beilagensalat.

Hausgemachter Räucherlachs, schon wieder diese Röstiecken, Honig-Dill-Senf-Sauce und Sahnemeerrettich. Salatbouquet in Hausdressing.

Aber auch beim Fischschmaus an Aschermittwoch darf der Klassiker des Hauses nicht fehlen: die Fuhre Mist. Eine hölzerne Schubkarre in Größe eines Louis Vuitton Cube De

Rangement MM, prall gefüllt mit leckeren Sachen, die das Leben schöner machen (hinein ins Fastenfeeling). Fleisch aus Massentierhaltung und Tiefkühltruhe. Schweinefilet, Schweinerücken und, so wertvoll wie ein Fruchtzwerg, ein kleines Steak. Eine kreuzweise eingeschnittene und anschließend frittierte Wurst, Pommes frites und Sauce tartare. Und wer jetzt meint, wir seien hier in Stars Hollow bei den Gilmore Girls, der irrt, wir sind immer noch in Koisdorf. Fryday ist hier jeden Tag, und im Palmblatt wird hier nix serviert.

Unser täglich Saccharin gib uns heute.

Es ist ausnahmsweise mittags und abends geöffnet. Die Katholiken meinen es ernst. Amen!

Endspurt vor dem Urlaub. Doppelschicht. Alle arbeiten mit halbierter Kraft, der Karneval nagt noch an den Reserven und fordert seinen Tribut. Die Schicht hat achtundvierzig Stunden und wird niemals enden. Ein Bein, ein Arm, kein Gedächtnis und ein blindes Auge. Doppelkorn zwischen Frittenfett und Auftauwasser. Hemdsärmelig mit Salzrandkruste. Der Meister erklärt seiner Mutter, wo der Maurer das Loch gelassen hat. »One Mama down«; eine Kraft weniger. Wir sind in der Scheiße. Tiefer, schneller und länger als je zuvor.

Aus dem Radio heraus proklamiert Herbert Grönemeyer, es bliebe alles anders, und Falco ist jetzt ein Jahr tot.

Into the light.

Von der Küche in die Kneipe. Darten, nackte Weiber. Kette rauchen und Kölsch stürzen. Schnaps.

Ein letztes Mal die Karnevals-Playlist und einmal auch Nirvana. Come as you are und bleib, wo de bist, die Karawane zieht weiter.

Urlaub.

5 Es ist ein sonniger Freitagabend im Spätsommer 1999. Die Eisenbahnstraße in Sinzig verläuft parallel zu den Bahngleisen unterhalb der B 9 und verbindet den Sinziger Stadtkern mit dem Industriegebiet »Goldene Meile«.

Ich hole meinen besten Freund Billie daheim ab und verstecke mich unweit des abgelegenen Hauses unter einer Brücke im toten Winkel. Sowohl seine Nazi-Oma, die im benachbarten Haus wacht wie ein vernachlässigter Köter in seinem Zwinger, als auch seine strengen Politiker-und-Grenzschutz-Eltern dürfen mich auf gar keinen Fall zu Gesicht bekommen.

Ich genieße hier den Ruf, ein sogenannter LMAA-Typ zu sein und einen schlechten Einfluss auszuüben.

Billie stiehlt sich im Muttersöhnchen-Outfit davon.

Fliederfarbenes Poloshirt mit fiesem überdimensionalem Reiter auf der linken Brust von Ralph Lauren. Rostbraune Cordhose und Timberland-Boots in Beige.

Im Bundeswehr-Rucksack mit Pins und Buttons von Nirvana und Aufnähern wie »Keine Macht den Drogen« oder »Nazis raus« schmuggelt er Wechselklamotten und eine Stange geklaute Marlboro-Zigaretten.

Frohen Mutes rennen wir im Hopserlauf die Ahr entlang in

Richtung Rhein, um uns stromaufwärts und stets vorsichtig dem Elternhaus unseres Mitstreiters Antonius zu nähern.

Antonius ist auch Koch-Azubi, schätzungsweise acht Jahre älter als ich und lebt mit seinen streng religiösen Eltern und seinem extrem brutalen Bruder unter einem Dach. Antonius' Bruder ist Boxer und darf nicht masturbieren. Wegen der schweren Beine, die eine Ejakulation so mit sich bringt. Das hat Art, so nennen wir ihn, in der Berufsschule der extrem übergewichtigen Klassenlehrerin kundgetan.

Antonius hat schwarzlackierte Haare, undercut, abrasierte Augenbrauen und keine Wimpern. Zum einen lässt ihn das sehr hart aussehen, und zum anderen strömen ihm unentwegt Tränen aus den Augen. Weil die fehlenden Wimpern den sich auf sie zubewegenden Schmutz in der Luft nicht mehr vom Auge fernhalten.

Antonius ist großer Fan der Band Jamiroquai und ahmt die Tanzbewegungen ihres Frontmanns Jay Kay nach.

»Emergency on Planet Earth!«

Er trägt Skinny Jeans und Adidas-Gazelle-Sneaker wie sein Vorbild, Adidas-Trainingsjacke in Nachtblau und eine extrem dicke Hornbrille.

Antonius ist schwul. Ab und zu lutscht er den ein oder anderen prächtigen Schwanz.

Billie zündet die Joints an, und zwischen Zeigefinger und Daumen schnipsen wir gekonnt die Pillen in die Höhe und einander zu, spielen Mentos-Werbung, stolpern, stehen auf und fallen nach vorn in die sich schließenden Türen der Regionalbahn Richtung Köln.

Ausstieg verpasst, entgegen der Fahrtrichtung vorwärtsbewegt, Fähre legal genommen und in den Rhein gekotzt.

Von der »anderen« Rheinseite aus führt Billie uns zur Insel Grafenwerth. Sie liegt mitten im Rhein, gegenüber seiner ehemaligen Privatschule Nonnenwerth.

Relativ schnell ist klar, was hier gespielt wird.

Und zwar Hacky Sack mit Hacke und »Smoke on the Water« auf Klampfe und Pilzen.

Das Zentrum der Insel bildet ein riesiger Biergarten. Am flach abfallenden Ufer tummeln sich Eliteschüler des Internats, die irgendwie auszubrechen versuchen, Mittdreißiger und Althippies. Ich bin froh, die Insel ohne Gitarre überhaupt passiert haben zu dürfen.

Egal, weg mit den Vorurteilen. Die Stimmung ist gut, und wir gut druff.

Die Drogen haben wir von jemandem, der sich der »Koka-speed-Dealer« nennt.

Er haust in einem abgelegenen Verschlag, der einer Schrebergartenparzelle ähnelt, auf der Grenze zur Voreifel in Königsfeld. Lavalampen, Actionfiguren aus Fantasy-Romanen und Wandtattoos schmücken seinen Unterschlupf. Projektoren, die sich drehende Tribals an die Wände werfen. Etliche Fliegenpilz-Statuen mit Gesichtern und Fratzen und Grimassen, in deren Mundwinkeln übergroße Joints hängen, zieren unzählbar viele kleine Regale, Pflanzenkübel und Lautsprecher, aus denen Schranz-Techno donnert. Der Dealer kleidet sich beduinenweibartig und rattert sein Narkotika-Portfolio-Mantra herunter, ohne dabei die Augen zu öffnen. Er blinzelt ab und zu aufgeregt und apoplektisch, während er behauptet, seine Kundschaft stets und ausschließlich am Geruch zu erkennen, so wie Maulwürfe es eben tun. Natürlich ist er barfuß.

Leider entbehrt sein Erscheinungsbild eines weißen Rauschebarts im Stile des Druiden Miraculix.

Stattdessen ähnelt die Frisur des »Kokaspeed-Dealers« der von Anthony Kiedis von den Red Hot Chili Peppers zu jener Zeit, »hardcore soft porn«. Ich stelle mir vor, wie unser Druide mit seinem Magic Stick in Heidi Klum kommt, so wie der Chili Pepper mit dem Socken über seinem Glied vor ihm. Erwartungsgemäß gibt es bei dem Pilzkopf die besten Drogen. Sicherlich nicht die reinsten, aber die, die am meisten zerstören, knallen und kaputtmachen.

Aus einem als herkömmliches Feuerzeug getarnten Reagenzglas mit einem Pipettenausgang tropft er Flüssigkeit auf Zuckerstücke und verkündet, den Heiland selbst liquidiert zu haben. Zaubertrank halt, flüssig gewordener Glaube.

Die an die Schluckimpfung erinnernden Würfel werden in die Folie von Zigarettenschachteln bugsiert, mit einem Feuerzeug zugeschweißt, und ab in den Socken damit, knapp unter das Knöchelgelenk.

Gut dreißig Jahre nachdem die Beatles in den Studios an der Abbey Road »Lucy in the Sky with Diamonds« einspielten, empfange ich in der landschaftlichen Tristesse der Voreifel also die erste Gabe.

Der Leib Christi.

In den Lexika des *Neuen Herder* meiner Großmutter habe ich einiges Wissenswertes über Lysergsäurediethylamid in Erfahrung bringen können. Es macht süchtig, ist brandgefährlich, und da es stark halluzinogen wirkt, ist es durchaus üblich, dass dem Konsumenten zum Beispiel dunkle Reiter in Engelsgestalt erscheinen. Zumindest gaukelt das kranke Hirn des Süchtigen das dem Süchtigen dann vor.

Trotz allerhand Vorwissen – das Produkt knallharter Recherche-Arbeit wie das Lesen der Jim-Morrison-Biographien, der Werke *Naked Lunch* und *Junkie* von William S. Burroughs oder *Die Pforten der Wahrnehmung* von Aldous Huxley und das wiederholte Anschauen etlicher Filme mit dem Themenschwerpunkt Exzess wie *Fear and Loathing in Las Vegas*, *Trainspotting* und *Jim Carrol – In den Straßen von New York* – erwischt uns der erste LSD-Rausch völlig unvorbereitet.

Ein gewohntes Umfeld sei zu empfehlen, vertraute Menschen, die Nähe zur Natur.

Die Insel ist Neuland für Art und mich, Billie kennt sie in- und auswendig. Ansonsten halten wir uns streng an alle Richtlinien für eine, soweit möglich, entspannte Ersterfahrung mit der bewusstseinserweiternden Droge.

In der Dämmerung sitzen wir um ein Lagerfeuer versammelt, als wir den Zuckerwürfelexpress aufteilen und einwerfen. Den Zucker lassen wir im Mund schmelzen und sich auflösen. Ich erwarte irgendwie einen bitteren Geschmack durch die Verflüssigung der Kristalle, bewege meine Zunge kreisförmig im Mund umher und presse den Zucker gegen Gaumen und Schneidezähne, sauge Luft ein und schnalze sie zwischen den Zahnzwischenräumen hindurch, wie beim Wein. Zu schmecken ist nichts außer dem fiesen Zucker. Ich befürchte, der Druide habe mich übers Ohr gehauen, mich verarscht, ganz ehrlich, wie soll er denn überhaupt etwas ansetzen oder brauen mit seinen ständig geschlossenen Augen.

Ich spüle mit dem Cola-Bier-Mischgetränk »Mixery« den Restzucker hinunter und erfreue mich an der herben Note durch den Anteil des Bieres. Ich nehme mir vor, öfter mal »richtiges« Bier zu trinken oder es zumindest zu versuchen.

Ich suche Augenkontakt zu meinen Gefährten, ihr Blick wirkt ebenfalls und bestenfalls verwirrt, ist schon auf dem besten Weg hin zu blankem Entsetzen. LSD soll heute, hier und jetzt, das neue große Ding für uns werden, da freuen wir uns seit Wochen drauf. Und Vorfreude ist rar, ein begehrtes Gut, besonders wenn man alles kacke und doof und uninteressant findet. Immer und immer wieder haben wir versucht, dieses Scheiß-LSD ranzubekommen, sind Leuten in den Arsch gekrochen, haben Geld zusammengelegt und sind enttäuscht worden, sind in die Niederlande getrampt und mussten stattdessen koksen, haben auf Pillen verzichtet und weniger gekifft, nur noch Hasch statt Weed geraucht, des Preises wegen, dem LSD zuliebe.

Wir entfernen uns, jeder für sich, von dem lodernden Feuer und seiner unangenehmen Hitze und dem fürchterlich beißenden Rauch und versammeln uns etwas abgelegen um eine Parkbank bei ein paar älteren und uns fremden Alkoholikern.

Wir können vor den anderen nicht offen sprechen, LSD gilt hier als »harte« Droge. Harte und chemische Drogen sind verpönt und deren Konsumenten nicht geduldet.

Kack-Hippies und Weicheier allesamt. Und ich denke so bei mir, der Druide ist ihr Anführer, thront ganz oben auf dem Haufen von Arschlöchern, und ich frage mich, ob man Löcher überhaupt stapeln kann oder ob man dann nur noch tiefer in die Scheiße kommt, Loch für Loch, und der Druide somit ganz unten liegt.

Löcher und Scheiße, hin oder her.

Thcin rag hcod s'tbig
Thcin rag hcod s'tbig

Thcin rag hcod s'tbig
Thcin rag hcod s'tbig

Flow red tsi eman niem!

Art reißt mich mit Buchstabengebilden, die er rhythmisch und, so scheint es, textsicher, aber monoton vor sich hin rappt, aus meinen Gedanken.

Die Kotfontänen und Darmtunnelrutschen aus gestapelten Arschlöchern ziehen sich ruckartig wieder zurück in meine Hirnwindungen, wie eine Schlange in ihr Loch, blitzschnell und lautlos.

Der Lizard King lauert bereits um die Ecke.

Im Beisein der Säufer und im Schutze ihrer immerwährenden Amnesie analysieren Billie und ich unter Zuhilfenahme eines Stiftes und eines Blattes Antonius' Gestammel. Die Melodie ist bekannt, da sind wir uns sicher, wir können sie nur nicht zuordnen. Nicht so sicher sind wir uns allerdings, ob Art eventuell gerade einen epileptischen Anfall hat. Manchmal hat er das nämlich, sagen seine Eltern.

Weder Billie noch ich haben zu diesem Zeitpunkt je was auf Vinyl Gepresstes oder gar einen Plattenspieler besessen, kennen aber als echte Fans und als junge Männer, die gerne den Glauben an ein alternatives Lebensmodell als Reißaus aus den existenziellen Korsetts hochhalten, die versteckten und rückwärts eingespielten Nachrichten auf den Platten einiger Rockgrößen wie Led Zeppelin oder Frank Zappa, die, und da sind sich die internationale Musik-Fachpresse und auch die Fans einig, satanische Botschaften enthalten.

Nach einigem ratlosen Hin und Her und wirren Skizzen auf geliehenen Bierblöcken aus der angrenzenden Außengastronomie wird uns klar: Antonius redet mit dem Teufel. Vielmehr rappt er dem Teufel was vor, in umgedrehter Buchstabenfolge und mit einer unmissverständlichen und tiefgreifenden Botschaft, zitiert aus der Feder eines Deutschrappers, der sich »Der Wolf« nennt:

Gibt's doch gar nicht
Gibt's doch gar nicht
Gibt's doch gar nicht
Gibt's doch gar nicht
Mein Name ist der Wolf!

Ob das die abebbende Wirkung der Pillen ist oder das stille Ansteigen eines wohlig warmen Serotonin-Spiegels, der ihm die Fähigkeit verleiht, aus dem Nichts heraus sprachakrobatische Superkräfte zu entwickeln, können wir nicht beurteilen.

Auffällig ist, dass Art sonst wieder völlig normal zu sein scheint, weder Alkohol noch THC scheinen zu wirken. Um das zu ändern, trottet er seelenruhig davon, redet irgendwas rückwärts, kehrt zurück zu den anderen, setzt sich an einen Baum gelehnt in die Runde und baut einen imposanten Joint. Seine extrem große und mit reichlich Dioptrien ausgestattete Brille setzt er ab, weil er vehement behauptet, wieder sehen zu können. Hin und wieder verzehrt er genüsslich eine der vielen Spinnen, die sich vor seinem inneren Auge von der Krone des Baumes langsam und direkt auf ihn zubewegen.

Der letzte Joint ist geraucht, die Wirkung des LSD setzt bei Billie und mir nicht ein, und so beschließen wir, mit dem Motorroller eines ehemaligen Mitschülers auf das Festland zurückzukehren, um dort an einer Tankstelle mehr Alkohol zu kaufen. Der Roller steht unweit des Lagerfeuers ganz in der

Nähe des Rheinufers. Wir schwingen uns auf das Zweirad, zuerst Billie, dann ich. Die Silhouette des sichelförmigen Halbmondes spiegelt sich im Rhein und lässt das trübe Gewässer im Halbdunkel fast klar erscheinen. Eine Rheinbrücke zeichnet sich ab, im Hintergrund das leuchtende Neonlicht einer BP-Tankstelle. Das Moped setzt sich krächzend und schleppend in Bewegung, es fällt mir schwer, bei der verschwindend geringen Geschwindigkeit hinten auf dem Sattel die Balance zu halten. Billie erhöht die Benzinzufuhr, feuchter Sand wird durch den durchdrehenden Hinterreifen aufgewirbelt und schleudert empor, die wilde Fahrt geht los. Ein paar Momente später verstummt der Motor, und mein bester Freund dreht sich erschrocken zu mir um und erklärt mir mit geweiteten Pupillen und stolzer, fester Stimme, er habe sich eingepinkelt, das Scheiß-LSD würde gerade einschlagen, wie er es noch nie zuvor erlebt habe, und überhaupt habe es schon die ganze Zeit gewirkt, das sei ihm jetzt klar.

Ich verstehe kaum, was er sagt, bei den Worten »eingepinkelt« und »einschlagen« verabschiedet sich meine Fähigkeit zuzuhören. Ich spüre es ebenfalls feucht werden im Schritt, spüre, wie die Hose an den Schenkeln zu haften beginnt, und denke: »Leibhaftiger«. Ich stammele zustimmend irgendwas viel zu laut vor mich hin. Die gesprochenen Worte ziehen sich zäh wie geschmolzener Käse entlang zum Gehörgang des anderen, und ihre Schatten hangeln sich entlang der Leere zwischen uns und verkleben unser Gesagtes miteinander. Theatralisch und in viel zu ausladenden Bewegungen steigen wir vom Roller ab. Beim Versuch, das Ding auf den Ständer zu stellen, gleitet der Ofen meinem Freund aus den Händen, fällt langsam und weich zur Seite und versinkt blubbernd im mittlerweile schwarzgefärbten Rhein.

6

Als ich achtzehn werde, gratuliert der Vater mir das erste Mal zum Geburtstag. Nachträglich. Am Telefon fragt er mich, wie alt ich werde.

Er lädt mich zu sich nach Hause ein, zum Mittagessen. Nur er und ich.

Den kurzen Fußweg vom Bahnhof hin zu seiner Villa verlängere ich durch theatralisches Wechseln der Straßenseiten zu einem ausgedehnten Spaziergang.

Ich kippe abwechselnd Jägermeister und Beck's in mich hinein, bis ich mich mutig genug fühle, meinem Schöpfer gegenüberzutreten.

Im Ofen gart der Vater eine ganze Gänsestopfleber in einer gusseisernen Cocotte von Staub. Als Beilage serviert er einen Salat von nicht gargekochten Brechbohnen und Himbeermarmelade. Wir trinken eine Flasche Sauternes und hinterher Riesling, rauchen Zigarre und füllen uns mit Käse ab.

Ich fühle mich erhaben und zivilisiert.

Ich fühle mich wie der Sohn meines Vaters.

Ich fühle mich prächtig.

Den Abend verbringe ich allein und warte vergeblich auf die Glückwünsche von Freunden.

7 Meine Azubi-Pflichten überfordern mich zunehmend. Nach den jährlichen Betriebsferien während der Fastenzeit schneide ich mir mehr oder minder absichtlich die Fingerkuppe des linken Daumens ab.

Mir wird schnell ziemlich übel, und ich stelle fest, ich stehe nicht auf Blut. Schon gar nicht auf mein eigenes. Martin bestellt blitzgescheit, wie er nun mal ist, beim Service eine Runde Wodka, zwei für ihn, zwei für mich, und einen weiteren gießt er mir über den blutenden Daumen. Hinlegen, Arm hochhalten, lautet die Marschrichtung. Er verbindet mich fachmännisch, und ich frage mich, ob Boris Becker und Boris Jelzin womöglich in einem Verwandtschaftsverhältnis zueinander stehen. Wegen Martin frage ich mich das. Wegen seiner Haarfarbe und wegen des Wodkas und des KGB.

Er weist mich an, mich einige Minuten auszuruhen, Kreislauf und so. Und dann aber ruckzuck zickzack, schnell wieder in die Küche. Weitermachen. Die Kameraden nicht hängen lassen. Definitiv KGB, so viel ist sicher.

Fassungslos liege ich in einem der Fremdenzimmer und denke mir kurz so Dinge wie »Schöne Scheiße« und »Max, du Wichser«. Doch zuverlässig, wie ich eben bin, tritt ganz schnell der Fickteuchalleundmitmirnicht-Modus in Kraft.

Ich gehe ins Kühlhaus, fahre mit der intakten rechten Hand einmal großzügig durch den aufklaffenden schleimigen Bauch eines ausgenommenen schottischen Lachses und massiere die Restinnereien des verwesenden Salmoniden auf meinen pochenden und blutenden Daumen. Damit sich auch ja alles schön entzündet. Tapfer, aber angepisst und wehleidig bringe ich meine Schicht im Schützengraben der Saladette zu Ende. Kochen ist schließlich Krieg.

Vom Persoklo aus tippe ich schwer erbost und schnell rauchend eine SMS mit T9-Wörterbuch in die Tastatur meines Alcatel-Knochens und bitte meinen Freund Kussi, mich bitte ganz schnell hier rauszuholen.

Auf Kussi ist Verlass, auf seinen 1980er Opel Corsa in fiesem Orange weniger. Auto anschieben, im dritten Gang anfahren. Kupplung kommen lassen, Vollgas Richtung Ecstasy.

Die Glasfabrik steht seit 105 Jahren auf trostlosem Niemandsland zwischen Sinzig und Bad Breisig.

Eine Videothek mit Zugang ab achtzehn; schäbige Wohnwagenanhänger flankieren das marode Gebäude mit seinen meterhohen Fensterruinen und Fabriktüren aus elendig wieherndem Stahl.

Unweit gelegen sind Bahngleise und eine Panzerrampe am Rhein, Kiesgrubenseen und eine Filiale des Supermarktriesen, einmal hin, alles drin: Real.

Viele kleine Türmchen und Leitern ins Nichts. Abgerissene Regenrinnen und Kabelfetzen auf Spannung. Wellblechschluchten zwischen Stahl und Beton. Altes Holz mit Kerben und Scherben im Halblicht zuckender Notbeleuchtungskarkassen. Bauhaus ohne Handwerk. Der Rumpf der Gebäudeattrappe ist nur noch ein Wrack Kunst.

Unter dem Vordach, zwischen Rampen und Acryl und Stahlwolle, liegen hinter bunkerartigen Toren Proberäume, die an das Innere von U-Booten erinnern.

Die Wände sind verkleidet mit alten Perserteppichen und Eierkartons aus Pappe. Für den Sound und zur Isolation. Es riecht nach Secondhand-Klamotten.

Ansonsten noch große Spiegel zum Selbstbewichsen. Sofa, Barhocker, anderer Sperrmüll.

Die Mieter, ewige Sozialpädagogik-Studenten, Wehrdienstverweigerer, Langzeitarbeitslose und Home-Grow-Experten, träumen sich alle mehr oder weniger in den Ausweg Rockstar. Raus aus der lokalen Semiprominenz und den Gigs vor fünfzig gleichaltrigen Fans aus dem Bekanntenkreis.

Konzerte in Kneipen, betrieben von Wirten, die Frauen eher Maid nennen, Met saufen und mit Holzschwertern bewaffnet auf der Paradieswiese Gleichgesinnte per symbolisierter Exekution in die Hölle oder nach Walhalla befördern.

Sie alle wollen entdeckt werden in ihrer Garage, tragen weite Bootcut-Jeans und ausgelatschte Skater-Sneakers, das Rollbrett immer zwischen Bundeswehrrucksack und Rücken geklemmt.

Enges T-Shirt, Adidas-Trainingsjacke, Tattoos.

Ich selbst lungere hier immer nur rum, ich will ja Rockstar sein, klar. Bin aber vollkommen unmusikalisch und kann nur vorweisen, Blockflöte verlernt zu haben und bei Tamburin und Triangel aus dem Takt zu kommen. Außerdem und eigentlich will ich eh nur singen. Oder schreien. Ich wittere Frontmannpotenzial in mir und bin mit dieser Vorstellung völlig allein.

Ich will aber wenigstens, wenn es eine der Bands schafft,

Roadie sein. Groupies abgreifen, die die Frontmänner nicht wollen oder schon hatten und ablegen.

Ken Follett schrieb mal in *Die Säulen der Erde* von geschmierten Brötchen.

Zum Schreien komisch.

Kussi ist Musiker in einer Punkband. Aber eigentlich heißt Kussi Daniel, ist gelernter Gas-Wasser-Installateur und sieht aus wie Jesus als Surfer und am Schlagzeug. Und ein bisschen wie Dave Grohl später als Foo Fighter.

Ecstasy Hideout Glasfabrik.

Die Pillen, der zeitlose Klassiker der Abendgarderobe etablettierter Männer, achteckige schwarze Armanis, versetzen mein Blut in Sechsachteltakt-Wallung. Durch den Verband blutet es, und ein Rinnsal kalter Schweiß vermischt sich in den glühenden Handflächen, die einander halten, anziehen und zusprechen, mit dem Blut.

Aufgabe, Hingabe. Resignation, Reaktion.

So anti ist hier keiner. Fuck off Deutschpunk, und scheiß auf all die Zecken.

Die Pillen sind der Himmel, und Jesus höchstselbst hat sie besorgt. Mit ihm jetzt in Achtsamkeits-Attacke auf dem Schleichweg hin zum Corsa. *Zwei Hände in einer, zwei Schritte, eine Spur.* Jenseitstalfahrt.

Wir stolpern die rauen Industriestufen hinab, und in neonroten Lettern spricht auch Gott jetzt noch zu uns: Wir sind REAL, wir sind all in.

Krankenhaus Remagen, Notaufnahme. Nix los, sofort dran.

Kurze Standpauke und erstaunte Nachfrage, wo der Rest meiner Fingerkuppe denn geblieben sei. Ich kriege bescheinigt, eine faustdicke Entzündung gezüchtet zu haben. Beide Daumen hoch, gefällt mir.

Die üblichen Dinge passieren. Wundreinigung und Desinfektion.

Zum Nähen zu spät, zum Klammern zu klaffend.

Ein neuer und strahlend weißer Verband passt viel besser zum schwarzen Anzug als das rote Hemd zuvor, Klassiker halt.

Mit einer Überweisung zum Hausarzt und einer Krankmeldung verlasse ich das Krankenhaus. Schlage den Sakkokragen hoch und setze die Porschebrille auf. Der Opel rollt schon die Auffahrt herunter, aus den offenen Fenstern leiert Alanis Morissette vom Kassettenband. Ich gleite auf den Beifahrersitz, und die Tür fällt leise hinter mir zu. Die Hände auf der Kupplung vereint, und das Leben ist schön.

Isn't that ironic.

8

Auf der DAK-Geschäftsstelle in Sinzig sieht es in etwa so aus, als wenn ein moderner ICE durch das Innere eines Staubsaugers fahren würde.

Im Zentrum des gedrungen wirkenden Raumes stehen Lehnstühle aus Buchenholz-Imitat an tränenförmigen Schreibtischinstallationen. Es liegt ein mintgrüner Teppichboden mit dunkelblauen Quadraten auf anthrazitfarbenen Kreisen aus.

Ich ziehe eine Nummer und komme sofort dran. Dem Sachbearbeiter schildere ich umständlich meine aussichtslose Situation und hoffe vergebens auf ein wenig Verständnis.

Aus schierer Überforderung werfe ich spontan den ein oder anderen Stuhl aus dem Fenster und werde, mit zusätzlichem Hausverbot gesegnet, des Gebäudes verwiesen.

Auf dem Weg zum Anschlusstermin beim Amtsarzt versetze ich das Kommunionsgeschenk meines Stiefvaters, eine Maurice Lacroix Les Classiques Choreograph, im Koblenzer Pfandleihhaus.

Beim Amtsarzt erreiche ich durch mein theatralisches Vorsprechen nicht das, was ich mir erhofft habe und höre zum ersten Mal in meinem Leben das Wort »gesundgeschrieben«.

Ich habe überhaupt gar keinen Bock auf das, was es bedeutet, nämlich arbeiten gehen.

Ich erinnere mich nicht mehr daran, wer es für mich in die Wege leitet oder wie es letztlich dazu kommt, aber mein äußeres Erscheinungsbild wirkt auf Menschen, die mich lieben, derart alarmierend, dass sie es sich zur Aufgabe gemacht haben, mich zu retten.

Ich halte das für maßlos übertrieben. Aber, und das ist das Wichtigste, meine potenziellen Retter sind ebenfalls der Meinung, dass ich auf gar keinen Fall wieder zur Arbeit gehen sollte. Sehr beruhigend.

Ganz schön kurzfristig bekomme ich einen sehr begehrten Termin in einer Praxis für Psychiatrie und Psychotherapie bei einer mit mir verwandten Person.

Die Praxis meiner Tante Frydia befindet sich in Bad Breisig.

Bad Breisig findet man als Sinziger ganz schön scheiße. Und Bad Breisig hat tatsächlich recht wenig zu bieten. Eine Kleinstadt, durch deren Mitte die B 9 verläuft und die dadurch aufgeteilt wird in Niederbreisig, also den Teil, der zwischen Lkw-Abgase und trübe Schlickwasser des überlaufenden Rheins gepfercht ist, und Oberbreisig, von wo man das Ganze aus sicherer Entfernung süffisant bedauern kann.

Breisig ist ein Ort der Junggesellenpartys und Assi-Kneipen. Zwiebelkuchen, Kirmes, Rheinpromenade. Angelsportverein und Reißverschlussverkehr.

Breisig ist ein Ort, so könnte man sagen, der schon sehr lange darauf wartet, endlich mit einer McDonald's-Filiale belohnt zu werden.

Frydia ist die Schwester meines Vaters. Ihre Praxis für Psychotherapie befindet sich in dem früheren Bedienstetenhaus der Villa meines Vaters. Bruder und Schwester sind also Nachbarn und führen eine eher sterile Beziehung. Ich selbst kenne Frau Doktor kaum. Wir sind uns nur selten begegnet. Ich erinnere mich an ein Essen nach dem Gottesdienst zur Kommunion meines Halbbruders im väterlichen Palast. Es gab Hummer, und ich konnte mit diesem speziellen Besteck nicht umgehen. Frydias ungeduldiges Mir-auf-die-Finger-Schauen ließ mich in dieser Art Prüfungssituation vollends versagen. Die Art, wie sie über ihre auf der Klippe zum Nasenhals thronende Schlaumeierinnen-Brille auf mich herabsah, führte dazu, dass ich sie aus tiefstem Herzen ablehnte. Das Festessen wurde ein bisschen attraktiver durch die Gegenwart meiner Cousine. Sie war ein heißer Feger, und ich stellte mir vor, wie ich es ihr nach Strich und Faden besorgte. Wie ich ihr, dem Hummer-Protein sei Dank, die Biederkeit und Borniertheit des ganzen Ortes aus dem Leib vögelte.

Ist ja schließlich Bad Breisig, Inzucht ist hier an der Tagesordnung.

Dem geschulten Auge der verbitterten und verhärmten Workaholicerin ist sofort klar, womit sie es bei mir zu tun hat. Ihr Erfolg hat sie nicht glücklich gemacht. Und dass sie vielen Menschen hilft, oft in letzter Sekunde, mit messerscharfem Verstand und ruhiger Hand, das scheint sie in ihrer selbsterschaffenen Tretmühlensituation nicht mehr wahrzunehmen. Alltag im Leben einer Veteranin der Neuropsychologie.

Ich sehe ihr nach, dass sie nicht selbst ihre beste Kundin werden kann, so wie ein Wirt, überdenke diese These und revidiere. Ich bin mir sicher, dass sie sich ausschließlich mit ihrem Hund, den Menschen, die sie bezahlt, und sich selbst unterhält. Dass sie sich selbst medikamentiert, davon ist auszugehen.

Obwohl ich sie nicht leiden kann, bedauere ich sie.

Für einen Plausch ist hier keine Zeit. Für Mitleid und Vetternwirtschaft auch nicht. Vitamin B steht nicht auf der Liste verschreibungspflichtiger Psychopharmaka.

Es geht direkt los. Augen zu. Rechts, links, Finger in weitem Bogen zur Nasenspitze. Neurologische Tests mit Masken, die an Hellraiser erinnern. Reflexe noch vorhanden. Fragebogen gerade so verstanden. Ich fühle mich weder verfolgt noch beobachtet. Beruhigend. Die Assistentin nimmt mir Blut ab, und zahlreiche Schnittwunden an Ober- und Unterarmen, die wie Strichcodes an den Waren im Supermarkt aussehen, werden verbunden. Beim Verlassen der Praxis bitte ich an der Rezeption um einen weiteren Termin für den übernächsten Tag, um die Auswertung meiner Blutanalyse in Empfang zu nehmen. Wie aus dem Nichts überreicht mir die Sprechstundenhilfe eine Krankmeldung. Ich bin baff. Und ich muss den Zettel nicht mal selbst abgeben, die frohe Botschaft sei bereits per Fax meinem Arbeitgeber zugestellt worden, das Original per Einschreiben schon auf die Reise gebracht. In der Taufrische seiner Unerwartbarkeit und in all seiner Pracht überwältigt mich der gelbe Zettel so sehr, dass ich kurz ein Gefühl der Zuneigung meiner Tante gegenüber zu verspüren glaube. Mit Dankbarkeit verwechselt, sei's drum. Danke, meine arme kranke Tante!

9 IHK, Koblenz, Juni 2000.

Ich bin mittlerweile seit drei Monaten nicht mehr in meinem Ausbildungsbetrieb gewesen, und das Verhältnis zu meinem Arbeitgeber ist daher etwas angespannt.

Oder, wie seine Anwälte schriftlich verlauten lassen, verhärtet. Durch mein inakzeptables Verhalten.

Ferner erfahre ich, dass mein Ausbildungsbetrieb das Arbeitsverhältnis beenden möchte, und zwar in gegenseitigem Einvernehmen. Gut, dass wir darüber geredet haben. Seit vier Wochen werde ich nun nicht mehr bezahlt.

Im Schriftverkehr werde ich fortan »Antragsgegner« genannt. So schnell geht das, »Tünn« hört jetzt auf die Namen »Arbeitgeber« und »Mandant«.

Vorgeworfen und als triftige Kündigungsgründe ausgelegt werden mir Zuspätkommen, ungepflegtes Äußeres und Leistungsverweigerung.

Weiter wird mir unterstellt, ständig wechselnde Wohnsitze zu unterhalten und ab und an apathisch am Straßenrand zu sitzen, meine Füße in den Fahrbereich zu strecken und somit mich und andere zu gefährden. Einem Bericht zufolge soll ich in der DAK-Geschäftsstelle zu Sinzig randaliert und nach meinem Rauswurf wild gestikulierend und im Streitgespräch mit mir selbst das Weite gesucht haben. Mit abgelaufenen Silvesterböllern (natürlich hat Ware aus Polen ein kurzes Mindesthaltbarkeitsdatum) habe ich angeblich den Briefkasten der Krankenversicherungszweigstelle bis zur Unbrauchbarkeit in Fetzen gesprengt. Hier fehlen allerdings Beweise und auch Zeugen.

Und zu allem Überfluss wird mir dann auch noch unterstellt, ich hätte trotz Krankschreibung wiederholt sogenannte »Diskotheken« heimgesucht, statt daheim bettlägerig auf baldige Genesung zu hoffen. Verehrte Damen und Herren, sehr geehrte Geschworene, diesen Vorwurf muss ich weit von mir weisen.

Mir ist sofort klar, wer die undichte Stelle ist. Es handelt sich um die Auszubildende im ersten Lehrjahr, meine Kollegin also. Diese Snitch.

Hochverrat!

Ich hätte ahnen müssen, dass es sich als Fehler herausstellen würde, auf dem Betriebsausflug zur Schnapsbrennerei ins Elsass nicht mit ihr in die Kiste gesprungen zu sein. Doch es war mir schlichtweg nicht möglich, denn olfaktorisch betrachtet glich sie einer überreifen Gemüsezwiebel, die mit stumpfem Messer einige Zeit im Voraus gehackt und in oxidierten Kupfer-Imitat-Schälchen unter Frischhaltefolie aufbewahrt wurde.

Es gibt da so eine berühmte Legende von Eckhart Witzigmann, dem Jahrhundertkoch. Er soll sich zu seinen besten Zeiten immer einen Commis de Cuisine zur Seite gestellt haben, der auf Zuruf und natürlich in allerschnellster Lichtgeschwindigkeit und mit lichtschwertartig scharfer Klinge dem Maître feinste Brunoise aus à la minute geschälten Schalotten schnitt. Weil die Würfel bitter werden und einen zu zwiebeleigenen Geschmack entwickeln. Und natürlich auch so riechen.

Und weil die Auszubildende aus logistischen Gründen nicht nach bzw. vor jeder Bewegung duschen konnte und auch nicht wollte, konnte ich nicht mit ihr vögeln.

Das nur am Rande.

Ich verspreche hiermit und kündige feierlich an, zurückzuklagen. Wegen übler Nachrede und Verleumdung und Meineid.

Schwerster Vorwurf allerdings und sicherlich Hauptgrund für das echauffierte Verhalten meiner spießbürgerlichen Arbeitgeber liegt darin, dass man mir regelmäßigen Drogenmissbrauch vorwirft. Der Antragsgegner konsumiert in regelmäßigen Abständen Marihuana, Ecstasy und Kokain. Ganz ehrlich, ich hab gar keine Kohle für Scheißkoks. Die rote Kirsche auf dem Sahnehäubchen aus billigem Speed ist eine dreieckige Mitsubishi, glasiert mit dem geronnenen Blut meines linken Oberarms.

Vom Beifahrersitz des Jaguar XJS V12 meines Anwalts aus begutachte ich meine spröden Lippen im Spiegel der Sonnenblende. Auf der Kante der heruntergelassenen Fensterscheibe bricht sich das Sonnenlicht und prallt auf mein gegeltes Haar in kupferroter Lackierung. Das Licht hellt das Mahagoniinnere der britischen Luxuskarre derart auf, dass feinste Staubpartikel vor meinem Auge und auf dem Spiegel sichtbar werden. Ich wünsche mir klammheimlich, es seien Koksüberreste der ausufernden Exzesse meines Advokaten und seines Gefolges. Dann würde ich da jetzt einmal beherzt drüberrotzen, mich fit ziehen für die bevorstehende Fehde und sogleich Beweismittel vernichten. Hinter ihm aufräumen.

Hinten kehren, vorne streuen.

I'm gonna fight 'em all
A seven nation army couldn't hold me back

Der Zigarrenrauch meines Anwalts verflüchtigt sich durch das offene Fenster in mattem Farbton wie der von Momos grauen Herren. Flammenartige Motive aus dichtem Rauch machen die Luft im Auto zum Schneiden dick.

Ich klammere mich an meine Gauloises und genieße die Geschwindigkeit.

Zigarrenrauch riecht nach Geld und Sieg.

Und nach meinem Vater.

Die ganze Familie Müller ist vor Ort, auch der Alte.

Ich frage mich, wie Gladbach wohl gespielt hat und ob das Ergebnis womöglich karmaartigen Einfluss auf unsere bevorstehende Verhandlung vor dem Schlichtungsausschuss haben wird.

Keiner von ihnen grüßt mich.

Gesenkten Hauptes versuche ich, mich möglichst schnell vorbeizustehlen. Mein Anwalt stolziert gockelhaft auf die Antragsgegner zu, begrüßt sie mit Handschlag, stellt sich vor und erklärt ihnen, meine Verteidigung übernommen zu haben und dass er über das persönliche Kennenlernen erfreut sei.

Heuchler.

Ich schäme mich, und mich plagt ein schlechtes Gewissen. Schließlich habe ich *sie* ja sitzenlassen. Scheinbar grundlos, für mich aber alternativlos.

Schamesröte neu gemischt, in all ihren Facetten. Von Mahagoni und Kupferrot bis hin zu Pumuckl, dem Helden meiner Kindheit.

Die Verhandlung findet in einem Tagungszimmer des Gastronomischen Bildungszentrums statt. Ovaler Tisch, ekelhaftes Wasser von Apollinaris, Filterkaffee, diverse Weichgetränke.

Ich hatte mir das eher so vorgestellt wie bei der Verhandlung im Film *Philadelphia* mit Tom Hanks als Aids-Krankem, der kurz vor seinem unvermeidlichen Tod noch eine Maria-Callas-Interpretation zum Besten gibt, die sich gewaschen hat.

Hier und heute allerdings ist alles im wahrsten Sinne weichgespült. Die Anliegen werden sachlich vorgetragen. Mit Intrigen und Korruption und Performances ist nicht zu rechnen. Wann immer ich etwas gefragt werde, antwortet der Anwalt an meiner statt.

Ich denke an Martin und daran, wie er meine Exfreundin Sabrina vögelt.

Ich wünsche ihnen Albinokinder mit Windpocken.

Die ganze Chose dauert keine Viertelstunde.

Mein Arbeitgeber wird dazu verdonnert, mir bis zur Wiederholung der Abschlussprüfung im Winter Lohn und Versicherung zu zahlen. Mir wird erlaubt, die Prüfung außerbetrieblich, das heißt ohne Ausbildungsplatz, nachzuholen. Von meinen eigentlichen Pflichten als Arbeitnehmer werde ich freigestellt. Hurra!

Ich fühle mich ein wenig so wie Tyler Durden in *Fight Club*. Als er sich im Beisein seines Arbeitgebers und unter dem Auge der Überwachungskamera selbst die Fresse poliert und mit Gehaltsschecks und IT-Hardware die Filiale seiner ehemaligen Wirkungsstätte in Richtung organisierte Bandenkriminalität verlässt.

Die Parteien begegnen einander noch mal kurz auf dem Parkdeck.

Ich ignoriere die Annäherungsversuche der Antragsgegner mit der äußeren Gelassenheit einer Hindu-Kuh. Ich will ein guter Mandant sein. Der beste aller Zeiten.

Obwohl ich nicht weiß, warum: Innerlich koche ich vor Wut. Meine Hände zittern vor unkatalysierter Aggression. Und das ist ein völlig neues Gefühl in mir, das ich da im Sonnenschein des Sieges kennenlerne. Eine Art universelle Wut, wie ein Knäuel im Kern meines Ichs. Diese Wut wird zu meinem Gefährten werden, meinem ständigen Begleiter. Zu Motor und Getriebe, zu Aggregat für Notstrom und Sonderstrom und Extrapower. Zu Hindernis und Stolperstein.

Auf der B 9 überholen wir die Familienkutsche der Müllers. Ich rauche den Zigarrenstummel des Anwalts auf Lunge und stoße den Rauch kräftig aus dem Fenster. Möge der Antragsgegner im Qualm und im Duftdunst meines Triumphs seine klare Sicht verlieren, vom Wege abkommen und sich im Nebel verirren.

Heute kann ich sagen, ich habe mich wohl selten so gefühlt: schuldig und doch frei; mit einem Pinguin als innerem Krafttier. Und mit der Gewissheit, vorsätzlich etwas Schönes zerstört zu haben.

Koisdorf betrete ich tatsächlich nie wieder. Verbrannte Erde und so. An Fruchtbarkeit habe ich da noch nicht geglaubt.

Die Kochjacke mit meinem Namen draufgestickt, die bekomme ich nicht zurück. Ich lasse mir auch bis heute niemals eine anfertigen.

Ob ich noch ein Mensch erster Klasse werden kann, ist an dieser Stelle unklar.

10

Das Restaurant und Hotel Hohenzollern liegt abseits, aber majestätisch, hoch oben auf dem Silberberg, direkt am Rotwein-Wanderweg. Darunter verneigt sich das historische Zentrum des gemütlichen Städtchens Ahrweiler innerhalb seiner Stadtmauern und dahinter das gesamte Tal.

Der steile Pfad, der hinaufführt, ist übersät mit Wanderern. Viele von ihnen unterstützen ihre Beine beim gemächlichen Anstieg mit sogenannten Nordic-Walking-Stöcken.

Die Sonne drückt ihre Strahlen durch die dichten Wälder und taucht Baumwipfel und Weinbergskronen in gelb-rote Weinlese-Romantik. Die Straußwirtschaften haben geöffnet, und es duftet nach Zwiebelkuchen.

Traktoren stottern die steilen Hügel hinauf. Im Privatfernsehen feiert Michael Schumacher vorzeitig und sehr ausgelassen seinen ersten Weltmeistertitel in einem Ferrari. Das Tal ist zum Bersten gefüllt, die Laune ist prächtig.

Sonntagmittag. Vorstellungsgespräch. Scheitern als Chance.

Der Anstieg kostet mich nach durchzechter Nacht die letzte Kraft. Am Wegrand sehe ich einen jungen Mann. Er lehnt vornüber, kühlt seine Stirn an der schattenkalten Rinde eines sehr alten Baumes und kotzt.

Ich laufe stilistisch zur Höchstform auf: kupferrotes Haar, geschminkte Augen, Nagellack und kaputte Jeans. Schuhe, die nur noch in Fetzen hängen. Von meinem T-Shirt aus streckt Kurt Cobain der Welt den Mittelfinger entgegen.

Um meiner Attitüde schon im Voraus ein bisschen Nachdruck zu verleihen, komme ich großzügige fünfzehn Minuten zu spät.

Vor dem Eingang tummeln sich Gäste und solche, die es werden wollen. Sie hängen mit ihren Augen an den Speisekästen der Edelgastronomie. In ihren Mündern sammelt sich das Wasser.

Durch die Fliegengitter der geöffneten Küchenfenster strömt verheißungsvoller und wollüstiger Duft, und Götter in Weiß ernten im Kräutergarten die letzten Zutaten für den Mittagsservice.

Ich schleppe die verwahrloste Seele in meinem geschundenen Körper durch die schwere Doppeltür aus Holz hinein in den großzügigen Empfangsbereich des Hotels. Meine dreckigen Latschen versinken tief in einem weichen mokkafarbenen Teppichboden, während sich hinter mir die Türe lautlos schließt.

Die Gäste in der Hotelhalle wenden sich angewidert von mir ab.

Ich erwarte eigentlich, und dafür feiere ich mich innerlich schon ab, des Etablissements verwiesen zu werden und mich weiter fröhlich und mit schlechtem Gewissen durch das unstete Leben eines Arbeitslosen hangeln zu können.

Der Inhaber des Hotels tritt unmittelbar vor mir in Erscheinung und reicht mir seine Hand zum Gruße.

Feinste Staubgespinste tummeln sich aufgeregt im Engtanz auf der Innenseite seiner Brillengläser und piesacken die wachen und gütigen Augen. Er blinzelt stark und sagt: »Hallo Maximilian, schön, dass du es einrichten konntest. Herzlich willkommen auf Hohenzollern.«

Sein Händedruck ist warm und fest.

»Mein Name ist Ludger Volkermann«, sagt er weiter. Und: »Schön, dass du dich nicht verkleidet hast!«

Mein Gastgeber führt mich vorbei an der Rezeption und der Wanderstube in das Gourmet-Restaurant, am Tresen und den Weinkühlschränken entlang, durch einen prall gefüllten und vornehm eingerichteten Gastraum. Die älteren Damen und Herren schauen mich irritiert an und schütteln den Kopf. Ich schäme mich und stelle mir die Frage, ob ich mich nicht doch verkleidet habe.

Der Marsch meiner Pein endet schließlich in einem Separee, dem sogenannten Pfaffenbergzimmer.

Der Maître nimmt mir die schwarze Lederjacke mit Haifischkragen ab und hängt sie auf einen Kleiderbügel aus Messing. Er bedeutet mir, Platz zu nehmen, und lässt mir die Wahl zwischen gepolsterter Sitzbank im halbrunden Eck des schlossturmartigen Zimmers und einem Sessel im Kolonialstil. Wir nehmen gegenüber voneinander Platz, als ein Kellner in einem Frack den Raum betritt und uns Wasser anbietet. Herr Volkermann stellt mir den gutgekleideten Herrn als den Sommelier vor. Und ich, ich weiß gar nicht, was das ist, ein Sommelier. Er erkundigt sich, ob ich denn stilles Wasser bevorzuge oder kohlensäurehaltiges, ob gekühlt oder auf Zimmertemperatur. Mein Gegenüber bemerkt sehr schnell und aufmerksam, dass mich diese Fragen schlichtweg überfordern, übernimmt die Wasser-Order und bestellt zusätzlich eine Flasche der Riesling-Hohenzollern-Auslese vom Weingut Rings auf Eis. Wein sei ja schließlich das Herrschaftsgebiet eines Sommeliers, nicht Wasser, sagt Herr Volkermann. Durch verhaltenes Nicken bekunde ich meine uneingeschränkte Zustimmung.

Der kühle Wein kommt genau richtig, schmeckt hervorragend, animiert und lockert ein wenig meine sonst so vorlaute Zunge.

Der Chef erklärt mir, wie es laufen kann. Arbeitsvertrag ab sofort bis zur Beendigung meiner Ausbildung, nicht länger. Die nächsten beiden Tage frei, Start am Mittwochvormittag, pünktlich um acht Uhr dreißig. Ohne Nagellack, aber mit herkömmlichem Haarschnitt. In gebügelter Kochkleidung samt Halstuch. Vorbinder und Kochmützen gebe es reichlich vor Ort.

Der Küchenchef sei im Urlaub, der Sous Chef regiere gerade, so sei alles etwas lockerer, und ein einfacher Einstieg sei somit garantiert. Mittags- und Abendservice, zum Nachmittag zwei Stündchen Pause, sogenannter Teildienst. Ein angesehener Betrieb, weit über die Grenzen der Stadtmauern hinaus bekannt, eine Riesenchance.

Ob ich eine Unterkunft bräuchte oder eine sonst wie gelagerte Unterstützung? Ich solle nur fragen. Los, los! Christentum und Nächstenliebe.

Als sich der Wein dem Ende neigt, verschwindet Herr Volkermann kurz in den Gastraum, kommt sehr schnell wieder und gibt mir eine Flasche des gekühlten Rieslings mit auf die Faust. Und einen Monatslohn Lehrlingsgehalt Vorschuss in bar. Damit ich wirtschaften kann. Würde ich ihm durch meinen Dienstantritt am Mittwoch zurückzahlen.

Er entlässt mich aus seinem Wohlwollen und seinem Verständnis über eine Wendeltreppe am Hinterausgang des Pfaffenbergzimmers und gibt mir ein festes, aber aufmunterndes Wangentätscheln mit auf den Weg.

Zu Hause rasiere ich mir die Haare ab und benutze den Nagellackentferner der homosexuellen und ständig eifersüchtigen Mitbewohnerin meiner Freundin.

Erster Arbeitstag auf Hohenzollern. Acht Uhr dreißig. Ich habe Angst.

Auf dem großen, im Hang des Berges angelegten Hotelparkplatz strahlen die Luxuskarossen in der morgendlichen Herbstsonne. Ein wenig darunter, an einem geschotterten Waldweg, verdecken die älteren Volkswagen des Personals die großen, mit trübem Regenwasser gefüllten Schlaglöcher unter ihren tiefergelegten Fahrgestellen.

Böhse-Onkelz-Aufkleber zieren die ein oder andere Heckscheibe.

Meine Mutter wendet gekonnt ihr Fahrzeug auf dem Scheitelpunkt der beiden Parkplätze und entlässt mich aus ihrem Auto und ihrer Obhut. Die ganze Fahrt über hat sie mir gut zugeredet, mir Mut gemacht, das Selbstbewusstsein zu stärken versucht und guten Willen gesät. Als wir uns zum Abschied umarmen, möchte ich sie nicht loslassen. Und weinen möchte ich. In ihrem Arm.

Als sie die Hügellandschaft hinabfährt, beschließe ich, das Weite zu suchen, sobald sie weg ist.

Zu groß ist die Angst vor dem Scheitern. Zu vage die Vorstellung davon, es nicht zu versauen. Bevor mich jemand sieht, schlüpfe ich zwischen zwei Sträuchern hinein in den Wald und taste mich entlang der Bäume bergabwärts. Ein paar Stolperschritte weiter treffe ich erneut auf den jungen Mann, der sich da augenscheinlich mal wieder übergibt. Da ich auch von ihm nicht bemerkt werden möchte, spurte ich eilig zurück den Berg hinauf, halte kurz inne und spreche zu mir selbst. Ich nehme all meinen Mut zusammen, atme tief durch und sage so was wie: »Hey, du Arschloch, du schaffst das schon«, und: »Den Herrn Volkermann zu enttäuschen, das wäre ein Unding, das hat der nicht verdient, und deine Mama schon gar nicht!«

Ich setze mich also in Bewegung, greife beherzt in die Gurte meines Rucksacks und marschiere bergan, als mir jemand von hinten auf die Schulter klopft. Ein kleingewachsener Mann mit raubtierartigen Augen in transparentem Himmelblau wischt sich Rotz von der Nase und hustet exaltiert. Er sagt: »Hi, du möchtest doch bestimmt ins HZ, bist der neue Lehrling. Schöne Scheiße, noch einer mehr, der nichts kann«, und rollt mit den Augen. »Michael Schumacher mein Name, wie der Rennfahrer. Kannst mich Schumi nennen. Ja ja, wie den Rennfahrer. Und du, hast du auch einen Namen?«

Neben dem gläsernen Haupteingang des Gebäudes befinden sich der Nachteingang für die Hotelgäste und der Hintereingang der Küche. Passiert man die durchsichtige Tür mit Fliegennetz, betritt man die Warenannahme. Hier stehen ein Kammer-Vakuumierer von Henkelmann, eine große, vollautomatische Nudelmaschine aus Italien, ein Konvektomat der Firma Rational mit zwanzig Einschüben, eine Speiseeismaschine, wie man sie sonst nur in traditionellen italienischen Eisbetrieben findet, eine sehr große Digitalwaage und ein Leiterwagen nach Gastronorm. An die Warenannahme grenzt das Kühlhaus für die kalte Küche.

Ein langer, schmaler Flur schließt sich an. Auf der linken Seite unter den Fenstern sind Arbeitsflächen und Kühltische nahtlos aneinandergereiht. Mit einer Saladette endet die Arbeitsstrecke an einem Handwaschbecken und einer Doppelspüle zum Gemüsewaschen.

Gegenüber der Fensterfront mit den Arbeitsflächen befindet sich zu Beginn des langen Flures der Eingang in die Spülküche. Dort gibt es eine Spülstraße mit Pendelbrause, eine Haubenspülmaschine mit Auslauftisch für drei Körbe und ein sehr großes Doppelwaschbecken zum Einweichen und Schrubben der Töpfe und Pfannen. Eine Silbermaschine läuft schwerfällig vor sich hin. Die beiden Männer in der Spülküche tragen Gummistiefel und Latex-Schürzen. Sie sind sehr nass und wirken wie Metzger in einem Schlachthof, der pornografischen Filmaufnahmen dient.

Dem Zentrum der Küche verleiht ein ebenso wuchtiger wie eleganter Herdblock des französischen Edelherstellers Molteni luxuriöse Anmut. Die schwarzen Emaille-Fronten rahmen die blankpolierte Oberfläche ein, kupferne Bedienelemente, schwarze Gasbrenner und eine Schwebe aus Edelstahl bieten den Kupfer-Sauteusen und Kasserollen von Falk eine prächtige Bühne.

In der Mitte aus gegossenem Eisen brennt ein Ring aus blauem Feuer.

Die Luft um den Herd herum scheint wegen der enormen Hitze zu verschwimmen.

Ein breiter Flur und das Kelleroffice samt Brotstation trennt die beiden Bereiche voneinander.

Obwohl ich mehr als überpünktlich bin, ist die Küche schon voller Lehrlinge.

Ich folge Schumi unauffällig und sehr aufgeregt in den Keller. Raschen Schrittes gehen wir einen sehr langen und schmalen Flur mit niedriger Decke entlang, vorbei an einem Getränkelager, einer Patisserie mit Arbeitsflächen aus Marmor, Lagerräumen und verschiedenen Kühlhäusern. Vor den Tagungszimmern befindet sich ein Personalraum, dahinter liegen die Umkleidekabinen und Mitarbeitertoiletten.

Ich beziehe einen freien Spind ohne Schloss und schlüpfe in die viel zu großen Kochklamotten. Schumi zeigt mir einen Trick: Er zieht eine große Rolle Frischhaltefolie aus seinem Spind hervor, wickelt das transparente und hauchdünne Plastik ein gutes Stück lang ab, zwirbelt es in der Luft zu einer Art Band zurecht und trennt dieses mit seinen Eckzähnen vom Rest der Rolle ab. Er zwinkert mir zu und erklärt stolz, sich die Eckzähne professionell schleifen zu lassen, sodass sie richtig scharf seien. Wegen Sadomaso und Deathmetal und GG Allin, all der Vampire dieser Welt und Eat the Rich und so weiter. Während er das sagt, reckt er das Heavy-Metal-Zeichen gen Souterraindecke und entblößt im Verhältnis zu seiner Körpergröße eine beachtlich große Zunge.

Er reicht mir das Plastikzeug und deutet mir an, es durch die Schlaufen meiner karierten Bäckerhose zu ziehen und als Gürtel zu nutzen. Ich schaue ihn verdutzt und fragend an, als er mir zur Hilfe kommt. Sein Atem riecht nach Bockwurst, Jägermeister und Kotze. Ich danke ihm aufrichtig.

Zurück in der Küche stellt mich Schumi dem stellvertretenden Küchenchef vor, dem Sous Chef. Sein Name ist Herr Neubusch, einen Vornamen scheint er nicht zu haben. Weder in den altdeutschen Buchstaben auf seiner sehr weißen Kochjacke mit zehn schwarzen Plastikknöpfen noch in echt.

Das mit der Farbe der Knöpfe ist eine wichtige Sache, lerne

ich. Es stellt sich nämlich wie folgt dar: Ein Lehrling hat immer weiße Knöpfe an der Jacke. Erst wenn er die Gesellenprüfung besteht, ist es ihm gestattet, schwarze Knöpfe zu tragen.

Ähnlich hierarchisch verhält es sich hier, auf Hohenzollern, auch mit den Namen. Jeder hört auf den Nachnamen, der auf seiner Jacke, links über dem Herzen, gedruckt oder gestickt steht. Außer die Postenchefs (hier »Chef de Partie« genannt), sie tragen allesamt den Vornamen »Herr«. Nur Herr Schumacher nicht, er heißt für alle Schumi (wie der Rennfahrer), obwohl er Postenchef ist.

Der Sous Chef mustert mich von oben bis unten und wieder zurück. Er schaut mir kurz in die Augen und dann hinunter auf meine Kochjacke.

Ich habe zwei verheerende Fehler gemacht. Zum einen ziert kein Name die Brusttasche meiner Kochjacke, und zum anderen trage ich schwarze Kochknöpfe statt weiße. Zwar schützt ja bekanntlich Unwissenheit vor Strafe nicht, doch die Art und Weise, mit der ich im Laufe des frühen Vormittages mit Nichtachtung gestraft werde, verunsichert mich so sehr, dass ich noch mehr Fehler mache als erwartet. Es ist wie in einem Strudel, wie in einem Sog.

Überhaupt ist hier alles anders. Es gibt eine richtige Brigade, acht Köche und zehn Lehrlinge, zwei Spüler. Die Küche ist in die verschiedenen Posten eingeteilt, an denen die jeweiligen Spezialisten sehr konzentriert dreinschauen und am Werke sind. Immer wieder fallen französische Fachbegriffe, die ich nicht verstehe. Gekocht wird schnell, sauber und sorgfältig und auf ziemlich hohem Niveau, nämlich auf dem Niveau von fünfzehn Punkten Gault & Millau. Es läuft keine Musik, und gesprochen wird nur, wenn es unbedingt nötig ist oder es gerade keiner der strengen Gesellen bemerkt. Ähnlich wie in der Schule mit den Lehrern.

Die Lehrlinge vor Ort sind allesamt erheblich besser trainiert als ich. Selbst die im ersten Ausbildungsjahr sind mir weit voraus.

An einem sehr großen, sehr blauen Arbeitsbrett arbeitet ein hässlicher Junge mit offensichtlich extrem schlechten Augen hinter sehr dicken Brillengläsern auffällig lasziv und arrogant an der Karkasse eines Steinbutts. Seine Körperhaltung suggeriert Langeweile.

Während Herr Neubusch in meinem Beisein weiter mit Schumi über mich redet, als wäre ich nicht zugegen, wünsche ich mir, dass ich auf keinen Fall in die Verlegenheit komme, unter Beweis stellen zu müssen, dass ich nicht dazu in der Lage bin, Fisch zu filetieren. Der Sous Chef rät mir, mich an den Kollegen Stenzel zu halten, falls ich eine letzte Chance auf das Bestehen der Abschlussprüfung haben wolle. Dabei legt er seine Stirn in Falten, und es wirkt so, als sehe er flüchtig in mich hinein und schließlich über mich hinweg.

Auf mein Nicken hin explodiert mir der Herr Neubusch mitten ins Gesicht:

»Ich kann dich nicht hören!« Und als ich versuche, ein wenig lauter »ja« zu sagen, spuckt er mir mit entgleister Visage entgegen: »Das heißt ›Jawohl‹, hast du mich verstanden?«

Wie nach einem heftigen Aufprall taumle ich halb taub und orientierungslos den langen Gang entlang. Rechts und links von mir arbeiten die Lehrlinge und wagen es kaum, aufzublicken. Auf einer der Jacken erkenne ich den Namen Stenzel. Als ich mich zu ihm stelle, schaut er mich durch die dicken

Gläser seiner Brille verschwörerisch an und flüstert mir zu: »Die Fensterscheiben hier in meinem Gesicht, die schützen mich immer ganz gut vor dem spuckenden Lama da hinten. Aber gerade ist's entspannt. Warte ab, bis der Alte wieder da ist.«

Ich gucke ihn entsetzt an. Als er bemerkt, dass mein einziges Messer seiner Spitze entbehrt und zudem stumpf ist, reicht er mir unauffällig eins der seinen und sagt: »Ich bin Daniel!«, und weiter: »Mach dir nix draus.«

Die erste Stunde vergeht recht zügig. Ich schaue Stenzel dabei zu, wie er den Steinbutt verarbeitet und danach irgendwelche anderen Fische, deren Namen ich nicht kenne. Ich reiche ihm Eimer und Bleche, statte ihn mit sauberen Handtüchern aus, beseitige seinen Müll, reinige seine Messer und desinfiziere seine Arbeitsunterlage. All das tue ich, um nicht selbst Hand an einen Fisch legen zu müssen.

Anschließend bin ich die ganze Zeit damit beschäftigt, nicht dabei aufzufallen, nichts zu tun zu haben.

Nach und nach trudeln weitere ausgelernte Köche ein.

So ist da zum einen Michael Berschbach. Er ist der Chef de Partie des Gardemangers und der Patisserie. Seine Körperformen sind weich und rundlich, fast weiblich, im großmütterlichen Sinne. Er kommt bereits in Kochkleidung zur Arbeit, entledigt sich nur seiner Daunenjacke, seines Schals, seiner Skimütze und seiner zwei viel zu groß wirkenden Handschuhe. Er ist gekleidet, als sei es tiefster Winter. Ich stelle mir vor, wie er als junges, pausbackiges Muttersöhnchen von seinen Mitschülern gehänselt wird. Wie sie ihn mit Storck-

Schokoladenriesen füttern, bis er kurz davor ist, zu platzen. Und weil er sich für sein Geschlecht schämt, denn eigentlich ist er im falschen Körper geboren, nässt er regelmäßig ein, denn es gibt zu wenig Toilettenkabinen für die Jungs. Und weil das damals so war, kommt er schon umgezogen zur Arbeit. Und weil er vom Einnässen ständig Blasenentzündungen hatte, trägt er an einem lauen, sonnigen Herbsttag eine Montur wie bei einer Expedition auf den Gipfel des Mount Everest. Und deshalb arbeitet er auch in der kalten Küche. König des Nordens sozusagen. Seine Schergen an den Posten, seine Sherpas sozusagen, behandelt er süffisant herablassend.

Er berichtet den anderen Herren, dass er jüngst mit der Frauenfußball-Bundesligamannschaft aus Bad Neuenahr-Ahrweiler in Frankfurt am Main weilte. Er wäscht nämlich als Freizeitausgleich deren dreckige Trikots und schweißnasse Stulpen. Ein Waschweib also, dieser Berschbach. Und das passt, denn er lästert ständig über alles und jeden.

Eine weitere wichtige Rolle spielt Markus Krause. Ein großer und stattlicher, noch junger Mann, dessen Figur der Form einer Birne nicht unähnlich ist. Sein dunkelblondes Haar trägt er, mit Gel fixiert, als Mecki.

Er bekleidet, in der Phase der Vorbereitung, den Posten des Tournants, eines Springers, der alles beherrscht und überall aushilft, wo Not am Mann ist.

An fast alle Lehrlinge hat er Namen von Figuren aus *Der Herr der Ringe* vergeben, die übrigen nennt er bei der lateinischen Bezeichnung ihres Sternzeichens.

Ein jagdgrün gekleideter, sehr alter Herr betritt die Warenannahme und liefert selbstgesammelte Pilze aus den angrenzenden Wäldern. Maronen und vor allem Steinpilze. Sie liegen in prall gefüllten geflochtenen Körben, vereinzelt ragt ein Tannenzweig oder etwas Moos hervor. Hie und da rutscht ein Wurm die holprige und feuchte Pilzlandschaft entlang und es wirkt irgendwie romantisch, wie in einem Stillleben aus längst vergangenen Tagen.

Der Sous Chef begutachtet die Ware und geleitet den Herrn Richtung Kelleroffice. Ihm sei kalt und er sei durchgefroren, sagt er, aber ein Schnaps würde ihn schon wieder auf Betriebstemperatur bringen.

Herr Volkermann betritt die Küche und begrüßt sie herzlich. Alle sagen respektvoll: »Guten Morgen, Herr Volkermann.« Wie in der Schule mit den Lehrern. Sein Blick streift mich. Er nickt mir sichtlich erfreut zu und gießt dem Pilzkrieger einen Trester ein.

Ich soll nun Steinpilze putzen, und zwar so schnell und so gut ich kann. Herr Krause zeigt mir, wie es geht. Drei Behältnisse dienen uns als Unterlage. Eins für die fertig geputzten Pilze, eins für die Abschnitte und den Putzverlust, um daraus später eine Sauce zu kochen, und eins für die faulen Exemplare des edlen Parasiten.

Aus der Brusttasche seiner Kochjacke zieht Herr Krause ein Tourniermesser mit hölzernem Griff, das in einer selbstgebastelten Scheide aus Bierblock-Pappe steckt. Sein Messer hört auf den Namen »Spitz«. Ich staune nicht schlecht vor lauter Absurdität, während ich seiner Anleitung und Expertise lausche.

Liebevoll und leicht lässt er Spitz die Konturen des Pilzes entlanggleiten, entfernt Waldbodenreste und feuchte Stellen. Fast fürsorglich streichelt er die Kappe des Pilzes mit einem feuchten Tuch und poliert sie blank. Das alles geschieht in einer atemberaubenden Geschwindigkeit.

»Ich mag Pilze!«, sagt er und verschwindet zurück an den Herd.

Um elf Uhr dreißig beginnt eine halbstündige Pause, in der es das Personalessen gibt. Am Pass treffen sich Servicemitarbeiter und Küchenpersonal wie an einem Buffet und laden sich reichlich Essen auf ihre Teller. Die Lehrlinge essen im Personalraum im Keller, die Köche im Stehen an ihren Posten oder in der Wanderstube.

Das kleine Zimmer ist brechend voll, das Fenster ist geöffnet. Es wird geredet und gelästert, und es wird gleichzeitig gegessen und geraucht. Die Kochlehrlinge lesen hektisch Speisekarten im DIN-A3-Format rauf und runter, versuchen sie auswendig zu lernen und fragen einander ab. In ihren kauenden Mündern jonglieren sie das heiße Essen im Kreis umher, löschen den Brand mit Zigarettenrauch, spülen mit zuckerhaltigen Getränken nach und gurgeln undeutlich die Titel der verschiedenen Gerichte in den vollen Raum ohne Sauerstoff. Das Halbwissen verpufft in der Hektik.

Die Speisekarte befindet sich in stetem Wandel, die Komponenten der einzelnen Gerichte variieren dauernd, und regelmäßig ersetzen neue Kreationen die alten. Gekocht wird nach Verfügbarkeit und Saison. Sehr viel Veränderung also. Und sehr viel Ungewissheit und Nichtwissen unter den Lehrlingen. Denn, so erfahre ich, zu jedem Service müssen ein bis zwei Lehrlinge nach vorne an den Pass und anrichten. Man weiß nie, wer und wann, und auch nicht warum. Ob als Strafe oder als Lob, ob zur Demütigung oder zur Förderung. Es ist wie in einer Lotterie, in der man nur verlieren kann.

Und um das weitgehend unbeschadet zu überstehen, ist es zwingend notwendig, zu wissen, was serviert wird. Einer der auszubildenden Köche fragt in den Raum, wie viele Gäste reserviert hätten. »Einhundertzwanzig, plus Weingarten und Wanderstube«, sagt eine junge blonde Frau im schwarz-weißen Dress.

Stille.

Ich habe keinen Appetit, nur Schiss, also rauche ich einfach viel.

Der Mittagsservice beginnt. Der Sommelier Herr Schäfer betritt in schwarzem Frack die Küche durch eine hölzerne Doppelschwingtür mit Bullaugen und verkündet: »Früher, da sind wir noch mit brennenden Kerzen unter Wasser marschiert und hatten stets ein frohes Lied auf den Lippen. Guten Service, Küche!« Er nickt den Herren am Herd zu und sagt: »Bon tscheu, Bon neu!«

Markus Krause empfängt den handgeschriebenen Zettel und annonciert laut und deutlich die Order:

Bon neu
Vier pax an Tisch sieben
Zweimal das HZ-Menü Siebengang
Zweimal das kleine Menü

Im Ersten
Viermal die Foie gras
Dann viermal den Feldsalat mit Kaninchen-Galantine
Zweimal Hummerroulade
Vier Seezungen in Champagner-Sauce mit
Gurkengemüse

Zwei Consommé
Viermal Eifeler Rehrücken mit Wacholderrahm
und Haselnuss-Spätzle
Viermal Dessert

Und dann
Französische Rohmilchkäse-Auswahl vom Wagen
Feuer frei!

Und die Brigade entgegnet geschlossen, laut und deutlich: »Jawoll!«

Der Service verläuft sehr still und fokussiert, es kommt kaum Hektik auf.

Hin und wieder unterbricht das Brüllen einzelner Köche die Ruhe. Zwei Lehrlinge, deren Namen ich noch nicht kenne, kämpfen am Pass um ihr Leben. Die Porno-Spüler begaffen deren Demütigung aus bestem Blickwinkel in ihrem Nassbereich.

Ich verstecke mich im toten Winkel hinter einem gefliesten T-Träger und schneide und schäle und putze, so viel es geht. Meine Arbeiten sind unpräzise, denn ich zittere und sehne mich an einen besseren Ort. Ich beschließe, nach der Pause nicht wieder hierher zurückzukehren und irgendwas mit Tontechnik oder Medien zu lernen.

Teildienstpause!

Auf dem Weg raus laufe ich Herrn Volkermann in die Arme. Er übergibt mir ein Schloss mit zwei Schlüsseln für meinen Spind und meinen Arbeitsvertrag.

Er sieht mir an, wie ich zu kämpfen habe, und sagt: »Aller Anfang ist schwer. Gut gemacht, bis heute Abend.«

Schlecht gelaufen.

Am frühen Morgen, am Tag nach meiner ersten Schicht, übergebe ich mich ins Waschbecken, während ich mich gleichzeitig in die Toilettenschüssel entleere.

Herr Volkermann zeigt sich am Telefon verständnisvoll und wünscht mir gute Besserung.

Schlecht gelaufen.

An den Vormittagen fahre ich schwarz mit der Ahrtalbahn bis zur Haltestelle Ahrtor. Über den asphaltierten Weg entlang der Weinberge zwinge ich mich täglich aufs Neue Richtung Silberberg. Je näher ich komme, desto größer und bedrohlicher wird das Hohenzollern und desto langsamer werden meine Schritte. Über den Sony-Anti-Shock-Discman meiner Freundin höre ich jeden Tag in voller Lautstärke dieselben Lieder des Albums *Issues* der New-Metal-Band Korn. Der Versuch, meine Angst mit den satten Bässen und der selbstgerechten und stolzen Aggression der Musik durch Wut zu ersetzen, gelingt mir leider nur sporadisch. An jedem Tag, bei jedem Anmarsch kämpfe ich mit den Tränen.

Die ersten Tage vergehen und versinken im Einheitsbrei selbstgemachten Kartoffelpürees, das mir nicht annähernd so gut schmeckt wie das aus der Tüte.

In der Teildienstpause gehe ich meist spazieren und rauche ein bisschen Hasch.

Der Herbst ist golden und das nahe Umfeld des Hohenzollern herzzerreißend schön. Wildes Getier huscht durchs Gebüsch, die Pilze sprießen. Es ist weder kalt noch warm. Im Duft des Waldes vermischt sich die Süße des Lebens aus dem vergangenen Sommer mit den bitteren Noten der kargen Leblosigkeit eines bevorstehenden Winters. Die alten Bäume lassen ihr Gefieder fallen und die Schminke; ihre Skelette treten zaghaft in den Vordergrund.

Und inmitten all dieser Idylle herrscht die Angst, dominieren der Terror und der Sadismus, die zum guten, aber rauen Ton in der gehobenen Gastronomie gehören. Die Widersprüchlichkeit dieses Effektes ist enorm. Man fühlt sich automatisch ein wenig erhaben, wenn man vom Meister gedemütigt wird. Wie von selbst schaut man binnen kürzester Zeit auf die herkömmliche und gutbürgerliche Gastronomielandschaft der Republik hinab. Man ist in einem verschworenen Kreis. Die gedemütigten oder vorgeführten Auszubildenden und Jungköche halten dicht (der Begriff »Mobbing« ist damals noch nicht im aktiven Wortschatz der deutschen Sprache verankert). Stimmen bleiben stumm und Beschwerden aus. Dabei sein ist alles. Scheitern im Spotlight der kupfernen Passlampen. Versagen im Mittelpunkt der Küchen-Arena als olympische Disziplin. Stockholm-Syndrom.

Der eigentliche Chef de Cuisine, Gerd Speer, kehrt zurück.

Wie gewohnt schneide ich mit Hilfe der Messer von Stenzel Brunoise von Schalotten und fülle sie sodann in sogenannte Literboxen.

Literboxen sind Gefäße, die einen Liter fassen. Sie sind quadratisch und aus weißem Plastik. Sie sind rar und ständig vergriffen. Wenn sich weder in der Spüle noch in der restlichen

Küche welche finden lassen, entsteht ein regelrechter Handel damit. Uwe, der Chefspüler und ein Hüne, versteckt die so begehrten Boxen sogar unter seinen Waschbecken. Er tauscht sie gegen Bier, das er nicht trinken darf, weil er Epileptiker ist und ein Talent für sehr angsteinflößende Anfälle hat.

Weitere Vorbereitungen, die nur und ausschließlich in Literboxen abgepackt zum Saucier geliefert werden dürfen, sind unter anderem: Schnittlauch, feinst geschnitten; blanchierte Gemüsebrunoise von Sellerie und Karotte, eins zu zwei gemischt; Würfel von Butter; Thymian; in Stifte geschnittener Knoblauch und die berühmte Sahnemischung (Crème fraîche und Sahne zwei zu eins).

Kurz vor elf betritt Gerd Speer die Küche durch die Doppelschwingtür. Er trägt eine Brille wie die von John Lennon, eine Jeansjacke und eine gewalkte französische Baskenmütze aus Merinowolle über seinem kurzen und lichten dunkelbraunen Haar. Er ist klein und dünn, wirkt drahtig, smart und aufmüpfig.

Er schmückt seinen Gang durch die Schar seiner Untertanen mit zweideutigen Kommentaren aus, hie und da lächelt er frech, mit halb geschlossenen Augen von unten nach oben. Seine Stimme ist leise und aggressiv. Er verschwindet kurz durch die Kellertür und erscheint augenblicklich und wie durch Zauberhand wieder in der Küche. Seine Jacke trägt keinen Namen.

Rund um das Herd-Massiv tummeln sich die Postenchefs, sie gieren nach einem Funken seiner Aufmerksamkeit.

Als er mich erblickt, bedeutet er mir durch zwei schnelle, kaum wahrnehmbare Bewegungen seines linken Zeigefingers, zu ihm zu kommen. Ich eile schnellen Schrittes herbei und stelle mich vor. Meine Hand, die ich ihm mutig entgegenstrecke, straft er mit einem entwürdigenden Blick ab. Er fragt: »Wie heißt du?«, ich antworte, und er sagt: »Nein, du heißt ›Wieheißtdu‹!«

Weitermachen.

»Wieheißtdu!«, brüllt der Küchenchef. Er wiederholt es. Und noch mal, diesmal energischer. Seine Stimme verzerrt und verzieht sich in hysterische Schrille. Es vergehen einige Sekunden, bis mir klarwird, dass das jetzt mein Name sein soll. So wie Kevin Costner in dem oscarprämierten Drama *Der mit dem Wolf tanzt* Dermitdemwolftanzt heißt.

Ich eile zum Meister. Er trägt mir auf, Personalessen zuzubereiten. Es gebe Lachs, ob ich wisse, was das sei? »Los, buchstabieren!« Dann: »Wieheißtdu, ich kann dich nicht hören!«

Die Lachse liegen auf einem blauen Schneidebrett an seinem Posten bereit.

Ein schwarzer, sehr schwerer gusseiserner Bräter heizt auf einer der Gasflammen bereits auf.

Filieren, Gräten ziehen, von der Haut nehmen, dann braten. Oder ob ich ihn noch schuppen wolle? Sei meine Entscheidung. Die Uhr nicht aus den Augen verlieren. Es ist Viertel nach elf, fünfzehn Minuten Zeit. Ob ich das hinkriegen würde?

Ich schneide vom Kopf nach unten an der Mittelgräte entlang bis hinter die Flosse und zum Bauch, breche das Genick des Fisches und trenne zaghaft den Kopf vom Rumpf ab. »Kein Verschnitt! Schneller«, schimpft Herr Speer. Ich rutsche mit dem Messer ab und schneide mir in die Seite meines linken

Zeigefingers. Der Chef verdreht die Augen, wirft mir einen Einweghandschuh hin und weist mich an, ihm zuzuschauen.

Die vorwitzigen Jungs in der Spülküche haben sich vom Geschehen abgewendet und spülen irgendwas Sauberes wieder dreckig.

In einer für das menschliche Auge nicht wahrnehmbaren Geschwindigkeit zerlegt Herr Speer die beiden Tiere wie eine Maschine. Dabei schüttelt er unentwegt, kaum merklich, nur ein ganz kleines bisschen den Kopf, als gäbe diese Bewegung einen Takt vor, wie ein innerer Motor oder ein Metronom.

Zwischen der Silikonhülle des Handschuhs und meiner Haut sammelt sich Blut und vermischt sich mit meinem Schweiß und dem Handschuh-Puder zu einer klebrigen Masse.

»Boah ey«, sagt der Meister. Und wieder: »Boah ey.« – »Boah ey, das ist doch alles, was so Jungs wie du den ganzen Tag denken, oder? Boah ey.«

Während er die Filets entgrätet, besorge ich Mehl, um den Fisch vor dem Braten darin zu wenden. Er nimmt mir das weiße Pulver aus den Händen und wirft es in den Müll. »Salzen, dann säuern. Dann die ganze Scheiße braten.«

Ich lege die zugeschnittenen Fischstücke in den Bräter, der durch die Temperatur des kalten Gargutes postwendend runterkühlt. Beim Versuch, die Filets zu wenden, bleiben sie am Boden des Gargefäßes kleben und fallen auseinander. Der Plastikgriff der Winkelpalette, die ich benutze, schmilzt in der ungeheuren Hitze der Flammen und versengt die Innenfläche des blauen Latex-Handschuhs an meiner linken Hand. Am Pass sammeln sich die ersten hungrigen Kollegen.

Hinter reichlich Schamesröte sinke ich innerlich gänzlich

zusammen und fühle mich so schwer, dass ich befürchte, durch den Boden in das darunterliegende Stockwerk zu fallen. So wie in der Obstgarten-Werbung.

Es ist mittlerweile kurz nach halb zwölf, und der Fisch ist noch nicht fertig. Schlimmer noch, die einzelnen Filets sind ineinander zerfallen und verschmelzen zu einer dicken, am Boden angebrannten und oben noch rohen Masse.

Die ungeduldige Enttäuschung der hungrigen Mitarbeiter an der Anrichte steigert sich in hörbare Entrüstung, als der Meister sagt: »Ihr wartet hier heute vergeblich, es gibt nur Reis und Salat. Und der arme Lachs, der ist ganz umsonst verreckt. Bedankt euch bei eurem neuen Kollegen Wieheißtdu.« Und mir kündigt er an, mich zur Rechenschaft zu ziehen, sollten die Mitarbeiter wegen des Hungers nicht funktionieren, wie sie müssen.

Ich beseitige mein Chaos, putze den Posten des Küchenchefs, trage das gusseiserne Ungetüm in die Spülküche und schrubbe es mit einem Stahlschwamm so lange, bis unter dem Schwarz einer langen Vergangenheit an einigen Stellen wieder etwas Silbernes zum Vorschein kommt. Pause mache ich keine.

An einem der folgenden Tage erzählt Herr Speer einen Witz:

»Kommt ein Mann zu McDoof und fragt: ›Haben Sie auch etwas ohne Acrylamid?‹ Sagt die Bedienung: ›Acrylamid? Heute frei.‹«

Ein neuer Auszubildender stößt hinzu. Sein Name ist Cem. Er war zuvor Lehrling in der Küche des Bad Neuenahrer Spielcasinos, hat die praktische Abschlussprüfung nicht bestanden und ist damit sozusagen im vierten Lehrjahr.

Ich bin froh, dass er da ist. Zum einen, weil nun ich nicht mehr der Neue bin, und zum anderen, weil sich die Wahrscheinlichkeit, zum Anrichten an den Pass gerufen zu werden, mit jedem weiteren Lehrling verringert.

Fast ausschließlich bin ich dem Entremetier zugeteilt und helfe Schumi bei der Vorbereitung der Beilagen und Suppen. Wir singen: »Ich bin kein Mensch, ich bin kein Tier, ich bin EntremeTIER!«

Ich schneide Zucchini mit einer Aufschnittmaschine der Länge nach in dünne Scheiben. Das Innere hacke ich in Brunoise und brate diese zusammen mit feinen Würfeln von roter und gelber Paprika in Olivenöl kurz scharf an, gebe gezupften Thymian und fein gehackten Knoblauch hinzu, schwenke einmal durch, lösche alles mit einer Tomatensauce ab und lasse es kurz einkochen.

Mit den langen Zucchinischeiben lege ich den Rand eines Anrichterings aus und befülle dessen Mitte sodann mit dem fertigen Ratatouille. Während des Services erwärmt Schumi das kleine Törtchen dann unter Frischhaltefolie in einer Panasonic-Mikrowelle mit über zweitausend Watt, glänzt es unter Zuhilfenahme eines Pinsels mit etwas brauner Butter ab und reicht es den Lehrlingen an den Pass. Zusammen mit rosagebratenem Lammrücken, einer Rosmarin-Jus und Oliven-Gnocchi verlässt mein Gemüse dann die Küche Richtung Gast.

Cem füttert Hummer mit Gemüsejulienne, bevor er sie im Steamer, einem Gargerät, das mit Überdruck arbeitet, innerhalb von fünfundvierzig Sekunden tötet. Herr Speer beobachtet das Geschehen, schüttelt den Kopf und sagt: »Boah ey!« Dann verbannt er Cem zum Perlzwiebelschälen in den

Keller. Das Gemüsekühlhaus wird seine neue Arbeitsstätte werden.

»Wieheißtdu!?« – »Jawohl, Herr Speer?« – »Gorgonzola, bitte« – »Wie viel, Herr Speer?« – »Die richtige Menge!«

Aus dem Molkereiprodukte-Regal in der kalten Küche hole ich ein großes, dreieckiges Stück Gorgonzola und bringe es nach vorne an den Saucier-Posten.

Kommentarlos greift der Meister danach, befreit den Käse aus seiner Aluminiumfolie, trennt mit einem Messer eine daumendicke Scheibe ab und streckt mir den Rest ins Gesicht, wie bei einer Tortenschlacht.

Dann sagt er: »Du stinkst, geh nach Hause und wasch dich. Für heute hast du Feierabend, ich kann dich nicht riechen.«

Nachts, nach der Arbeit, schaue ich die Wiederholungen der ersten Staffel *Big Brother*, kiffe ausschweifend viel Haschisch weg und esse Kartoffelpüree aus der Tüte mit geschmolzener Butter und dänischen Röstzwiebeln vom Kaiser's-Supermarkt, über dem ich wohne. An den freien Tagen bin ich meist so fertig von der Arbeit, dass ich nichts tue, außer die Stunden zu zählen, bis ich wieder hinmuss.

Service.

Herr Krause liest laut vor, was abgerufen ist. Der Meister nuschelt eine Zeitangabe vor sich hin, Schumi stimmt zu, und los geht's.

Fleisch und Fisch werden angebraten, wandern in Backöfen, unter den Salamander-Grill zum Gratinieren oder ins warme Licht der roten Lampen am Pass zum Ruhen.

Der Entremetier erhitzt vorbereitete Gemüse-Arrangements oder Kartoffel-Birnen-Gratin in der Mikrowelle, sautiert Spinat à la minute, glasiert Brokkoli, verfeinert Spätzle mit Salz und Muskat, zieht Gnocchi durch eine Nage und sautiert Kaiserschoten mit Zucker und einem Spritzer frischer Zitrone.

Saucen werden aufmontiert, Veloutés geschäumt, die Beurre blanc gebunden, und die Consommé wird aufgekocht.

Der Molteni-Herd speit Feuer und strahlt schier unerträgliche Hitze ab. Alles, was es anzufassen gilt, glüht: die Stiele der Sauteusen und Kasserollen, die Bleche aus Ofen und Grill, die Löffel und Pinzetten zum Anrichten. Zwischen den Posten stößt siedendes Wasser aus einem Bain-Marie feuchten Dampf zwischen die rauchenden Kochköpfe. Rahmsuppen werden warm gehalten und Rouladen aus Fischfarce pochiert.

Im Rechaud werden die Teller bei achtzig Grad so heiß, dass es zischt, wenn man sie mit kaltem Alkohol poliert.

Es ist zu empfehlen, dass man, wenn man zum Anrichten vormuss, eine langärmelige Kochjacke trägt und nichts drunter, mehrere Schichten Einweghandschuhe übereinanderzieht, um mit den behandschuhten Fingern in die Sauteusen greifen zu können und die mit heißer Butter umschmeichelten Gemüsesorten im Teller-Rund zu platzieren. Am wichtigsten ist aber eigentlich, dass man sich mit mindestens zwei blaukarierten Touchons ausstattet, um die Stapel schwerer Teller aus dem Wärmeschrank auf die Anrichte zu hieven und das dreckige Kochgeschirr den Spülern durchzureichen.

Denn wenn man in der Hektik des Geschehens einen Anfasser irgendwo herumliegen lässt, ist er weg, denn Ordnung muss sein.

Richtet man nicht schnell genug an, befeuchten die Postenchefs ganz gerne mal eines der konfiszierten Touchons mit heißem Wasser, zwirbeln es in der Luft zusammen und lassen einen Peitschenhieb Richtung Nierengegend oder Gesäß schnellen. Zeigt diese Maßnahme keine Wirkung, wird man dazu aufgefordert, auch den letzten Anfasser abzugeben.

Die feine oberste Hautschicht der Fingerkuppen schmilzt dann unter der Symbiose von Gewicht und Temperatur der Teller hinweg, und man bleibt am Porzellanrand kleben wie Spiderman an einer Hauswand.

Schmerzempfinden ist hinderlich und verringert das Arbeitstempo, ebenso wie Nachdenken. Geht mal ein Teller zu Bruch, lernt man schon wieder etwas hinzu, und zwar, dass jeder einzelne Teller mehr wert ist als das Leben eines Lehrlings; und durch die fortwährenden Quälereien mag man dieser Weisheit gerne Glauben schenken.

Das Jahr bahnt sich seinen Weg durch einen nasskalten Winter auf sein Ende zu.

Immer mal wieder gibt es verschiedene Veranstaltungen. Im November zum Beispiel kocht »Speer Gans gut«, wie auf Flyern im Hotel zu lesen ist. An den Adventswochenenden ist so viel zu tun, dass der Teildienst zum Durchdienst wird. Weihnachten wird durchgearbeitet.

Am letzten Abend des Jahres wird ein zehngängiges Menü aus Speer-Klassikern serviert. Um kurz vor Mitternacht betritt der gutgelaunte und tadellos schick gekleidete Herr Volkermann die Küche, verteilt Briefumschläge an alle Mitarbeiter und bittet sodann die Küchenbrigade ins Restaurant. Die betagten Gäste erheben sich, es gibt tosenden Applaus und ein Dankeschön vom Chef. Ich schäme mich. Herr Speer schüttelt ein paar Hände, ergreift das Mikrofon, bedankt sich bei den Gästen und sagt: »Wenn Sie alle Hühner, die Kentucky Fried Chicken im letzten Jahr verarbeitet hat, aneinanderreihen, kommen Sie mehr als einmal um den Äquator.« Und ich denke: »Boah ey.«

Das Personal versammelt sich auf dem Rotweinwanderweg und bestaunt das imposante Feuerwerk, das den Nachthimmel über dem Ahrtal und dem Rheinland aufhellt.

Herr Schäfer schenkt reichlich Champagner aus Magnumflaschen aus, und alle prosten einander zu. »Nicht zu viel, ihr Gierschlunde, nach dem Service ist vor dem Service«, höre ich den Maître sagen.

Ich stehe etwas abseits und vergieße eine Träne. Ich bin stolz, dass ich bis hierhin durchgehalten habe, und schäme mich, weil ich den Meister nicht von mir überzeugen konnte.

In der überfüllten Umkleide öffnen wir neugierig unsere Umschläge und staunen nicht schlecht über eine beachtliche Menge Trinkgeld, die sich im letzten Jahr angesammelt hat.

Cem findet in seinem Umschlag anstatt des Geldes eine Spendenquittung des Tierheims in Remagen. Mit einem herzlichen Gruß von Herrn Speer, Tierquälerei sei kein Kavaliersdelikt.

11 Die Winterprüfung 2001 ist die letzte, die nach dem alten Prüfungsprinzip vollzogen wird.

Vierzehn Tage vor dem Termin bekomme ich postalisch eine Liste mit zehn verschiedenen möglichen Drei-Gänge-Menüs zugeschickt, auf deren Hauptkomponenten reduziert. Am Tag der Prüfung zieht man dann vor Ort ein Los, auf dem das zu kochende Menü geschrieben steht.

Zum Beispiel: Terrine von Edelfischen, Blattsalate, Dressing; Schmorgericht von der Schweinebacke, Kartoffelbeilage, winterliches Gemüse; Halbgefrorenes mit Beeren.

Die Aufgabe besteht im ersten Schritt darin, aus dem Menü-Rohling und einem Basiswarenkorb eine Speisenfolge zu kreieren, eine penibel genaue Warenanforderung zu verfassen (Zutaten, die man vergisst, dürfen auch nicht verwendet werden) und Menükarten zu schreiben. Ist dieser Teil im Rahmen des zeitlichen Korsetts erfolgreich abgeschlossen, beginnt der eigentliche Teil der praktischen Prüfung: das Kochen des Menüs für vier Personen innerhalb von drei Stunden. Und als sei das alles noch nicht genug, stellt man sich im Anschluss der Herausforderung der Warenerkennung.

Im Hohenzollern versehe ich allerhand Kochutensilien mit runden bronzefarbenen Stickern, die der Wiedererkennung des geborgten Materials dienen, und verstaue alles in roten Metzgerkisten. Eine kleine Moulinette zum Herstellen einer Farce, ein Handrührgerät zum Aufschlagen von Eiweiß oder Sahne, feinmaschige Spitzsiebe zum Passieren von Fonds und Saucen, einen Stabmixer, Sauteusen, Kasserollen und eine Kartoffelpresse, die auch bei der Zubereitung von Spätzle hilfreich sein kann.

Der Speer raunt mir zu, ich solle seine Sachen ja wieder alle heil zurückbringen, und ich denke mir: »Die gehören dem Herrn Volkermann«, und: »Mach die Augen zu, dann siehste, was dir gehört.«

In der Nacht vor der Prüfung schlafe ich trotz übertriebenen Haschisch-Konsums recht bescheiden. Am Vormittag komme ich in den Genuss, noch einige Zeit totschlagen zu müssen, bis es los nach Koblenz geht.

Pflichtbewusst und durchaus phantasievoll spiele ich verschiedene Szenarien des Scheiterns und deren Konsequenzen vor meinem inneren Auge durch. Wie wäre es, ins vierte Lehrjahr zu rutschen? Würde Herr Volkermann mir eine weitere Chance geben? Wäre ich überhaupt dazu in der Lage, die Tyrannei auf Hohenzollern noch weitere sechs Monate zu ertragen? Und was wäre überhaupt so schlimm daran, die Ausbildung nicht fertigzumachen? Wer möchte schon etwas sein Eigen nennen, das die Bezeichnung »Gesellenbrief« trägt?

Ich zähle alle meine Defizite durch, die das Bestehen der Abschlussprüfung verhindern könnten. In Summe sind es zu viele, und sie überwiegen im Verhältnis zu den Fertigkeiten, die ich mitbringe. Ich bin nicht gut vorbereitet, hatte noch nie Losglück und bin ein schlechter Koch.

Im Eingangsbereich des Gastronomischen Bildungszentrums zeige ich an der Rezeption einer sehr schlecht gelaunten Person meine Einladung zur Prüfung vor und weise mich aus. Dann heißt es warten.

Andere Lehrlinge tummeln sich in Grüppchen, die meisten sind einander aus Berufsschule oder Ausbildungsbetrieb bekannt. Einige verhalten sich ruhig und sind nervös, andere berichten von den großen Plänen ihrer bevorstehenden Performances und geben sich siegessicher bis überheblich. Manche wollen nach der bestandenen Prüfung erst mal Urlaub machen, die anderen sofort für die bereits laufende Wintersaison in die Schweiz oder nach Österreich zum Kohlescheffeln. Und ich, ich will eigentlich nur ganz schnell hier weg und dann nie wieder eine professionelle Küche von innen sehen und für immer nichts tun.

Die Eingangstür zum Foyer, in dem wir warten wie bestellt und nicht abgeholt, schließt nicht richtig. Kalte Luft zieht herein, und übriggebliebenes, feuchtes Herbstlaub veredelt nachsichtig das verwelkte, triste Fliesenmosaik des Fußbodens.

Vier ältere Herrschaften stolzieren gockelhaft in die Wartehalle und verteilen Anweisungen in rauem Ton. Sie tragen Kochjacken mit schwarzen Knöpfen, Jeanshosen, Kopfbedeckungen und Halstücher. Sie wirken allesamt so, als würden sie Gartenzwerge sammeln und das ernst meinen.

Herr Volkermann huscht in einem dunkelblauen Anzug samt Manschettenknöpfen und Krawatte vorbei, klopft mir fest auf die Schulter und wünscht mir viel Erfolg, denn Glück, das hätte ich gar nicht nötig. Er sieht mir meine Überraschung an und erwähnt flüchtig, dass er im Prüfungsausschuss sei, bevor er sich wieder in Luft auflöst.

In einer Umkleidekabine, in der es riecht wie bei Pubertierenden nach dem Sportunterricht, wechseln wir unsere Kleidung und ein Stück unserer Identität. Auch den kurz zuvor noch so vorlauten Vorzeige-Nachwuchs verlässt die Siegermentalität; es herrscht Stille.

Eifrig werden die Schuhe angezogen, und zwischen fahrigen jugendlichen Händen Doppelschleifen gebunden, Schürzen und Halstücher umgelegt, die Messer gepackt und ein letztes Mal die Hände gewaschen und desinfiziert. Vorsichtig wünsche ich ein kleines bisschen zu leise »Viel Glück« in den Käfig und ernte erstaunte Blicke aus scheuen Augen unter sich schüttelnden Kochmützen.

Samt den gepackten Kisten machen wir uns unter der Führung der Kleingartensiedlungs-Ältesten auf den Weg durch die Kellerkatakomben hinauf zu den Prüfungsräumlichkeiten.

Der Obergartenzwerg verliest die Regeln wie Zar Alexander 1861 sein Manifest in St. Petersburg.

Der alphabetischen Reihenfolge nach erheben wir uns von unseren Plätzen, treten zwischen den Tischreihen nach vorne und ziehen unser Los. Erst wenn alle wieder Platz genommen haben, fällt der Startschuss, und die Menüs dürfen ausgepackt werden.

»Die Zeit läuft ab jetzt!«

Mit zittrigen Händen öffne ich das Los und lese:

Rahmsuppe vom Rosenkohl mit Einlage; Ente im Ganzen gegart, Sättigungsbeilage aus einem Kartoffelteig und Gemüsezubereitung von Rotkohl; Winterliches Dreierlei von der Mousse mit Waldbeerensauce und Hippe.

Im ersten Moment bin ich erleichtert, denn Suppen kochen, das habe ich sowohl bei Boris Becker als auch bei Michael Schumacher gelernt. Doch dann, dann schon hasse ich mich dafür, nie nachgefragt zu haben, wie Herr Speer die Gänse und Enten gart. Ich ärgere mich, dass ich selbst es mir nicht wert war, mich dazu zu überwinden, aus dem sicheren Verschlag und der vermeintlich komfortablen Deckung des Entremetiers hervorzukriechen, um etwas zu lernen.

Ente also, kein Plan. Machen.

Einen klassischen Rotkohl in vier Stunden kochen, unmöglich. Egal, machen.

Als Kartoffelzubereitung entscheide ich mich für Herzoginkartoffeln, denn Kartoffelklöße sind filigran, zerbrechlich und gehen dauernd kaputt.

Mousse kann ich, wenn auch nur eine. Egal, machen.

Ich schreibe meine Warenanforderung so gewissenhaft wie möglich, bin verhältnismäßig schnell fertig und dann sogleich enorm verunsichert, weil alle anderen länger brauchen. Dann ist die Zeit vorbei, und es geht los.

Insgesamt werden heute zehn Lehrlinge geprüft. Immer zwei kochen nebeneinander in abgetrennten Kochnischen mit dahinterliegenden Arbeitsflächen auf Kühlmöglichkeiten. Schneidebretter sind bereits aufgebaut, wenige verbeulte Töpfe stehen bereit. Es gibt für jeden einen Herd mit vier Platten plus Backofen und einen Salamander zum Gratinieren. Ich richte mir meinen Posten mit den mitgebrachten Utensilien aus dem Hohenzollern ein und bin sehr dankbar dafür, dass ich die Moulinette zum Farcemachen gar nicht brauchen werde. Vielleicht doch Losglück.

Direkt an das Warenlager für die Prüflinge grenzt die Küche

der IHK-Betriebskantine. Es herrscht reges Treiben, ein stattlicher Herr mit blonden Haaren, die zu einem Pferdeschwanz zusammengebunden sind, scheucht sein Personal äußerst süffisant durch den Mittagsservice.

Mit einer leeren Kiste eile ich ins Lager, um mich mit den Lebensmitteln meiner Warenanforderung auszustatten. Nachdem ich einige kostbare Minuten damit verbringe, vergeblich die Ente zu suchen, fasse ich mir ein Herz und frage den Prüfer, der an meinem Posten mit Argusaugen wacht. Nach einigem Hin und Her stellt sich dann heraus, dass die Ente noch gefroren ist. Heißes Wasser sei hier ein angemessener Lösungsansatz, so weiß das Arschloch von der IHK.

Los geht's! Ich schäle Zwiebeln und würfele sie, putze Rosenkohl und finde gewürfelten Speck, Geflügelfond und schließlich auch einen Topf, der für den Ansatz der Suppe die passende Größe hat, aber nicht für den Induktionsherd geeignet ist, an dem ich zu kochen habe. Weil ich keine induktionstauglichen Gargefäße zur Verfügung habe und zudem auch keinerlei Praxis an einem dieser neumodischen Herde vorweisen kann, frage ich den Prüfer, ob ich in eine der freien Kochnischen mit Gasherd wechseln dürfe. Er verneint. Der erste Ansatz meiner Suppe verbrennt. Egal, weitermachen.

Ich verräume den stark rauchenden Topf und sage: »So!«, und der Prüfer sagt: »Wer ›So‹ sagt, weiß nicht, wie es weitergeht«, und er hat recht.

Ich beginne nun einfach alles parallel zu machen. Ich schmelze Schokolade in einer Schüssel über dem fast kochenden Wasser, in dem die Kartoffeln garen, mariniere den Rotkohl mit Rotwein, Salz und Zucker und einem Lebkuchengewürz, das ich irgendwo finde, nutze selbiges zum Aromatisieren eines Teiles der geschmolzenen Schokolade für die winterliche Mousse, zerkleinere Äpfel und Zwiebeln für die Füllung der immer noch nahezu vollständig gefrorenen Ente, koche Rosenkohl platt zu einer grauen Suppe und reduziere Kalbsfond in Richtung Sauce für die Ente. Immer wieder werde ich ermahnt, die Sauberkeit am Arbeitsplatz ginge vor; immer wieder steckt der Prüfer seine dreckigen Wurstfinger in einen meiner Ansätze und lutscht sie dann mit lautem Schmatzen ab. Ich räume auf und wische und putze und sortiere Müll und sage: »So«, und der IHK-Fuzzi entgegnet: »Wer ›So‹ sagt, der hat noch nix getan.«

Die Ente ist mittlerweile im Rohr, und ich bezweifle, dass sie rechtzeitig fertig wird. Stelle ich die Temperatur des Ofens zu hoch ein, verbrennt sie; lasse ich sie nicht verbrennen, wird sie an den Keulen noch zu roh und damit zäh sein; sie zu zerlegen, ist mir nicht gestattet, denn das ist die Aufgabe der Prüflinge des Berufs »Restaurantfachmann«.

Als ich die Festigkeit meiner verschiedenen Mousses auf die Probe stelle, erschrecke ich: Sie sind allesamt noch vollkommen flüssig. Der Prüfer schaut mich besserwisserisch an und erklärt mir, mein Kühlschrank sei defekt und ich hätte das eingangs kontrollieren müssen. Kurzes Entsetzen und Panik weichen fast augenblicklich blanker Aggression. Ich trete gegen den Kühlschrank und schreie so was wie »Verfickte Scheiße!« und frage den Motherfucker von Gartenzwerg, ob das sein Ernst sei. Ich solle meine Zunge zügeln und mich zusammenreißen. Und ich, ich denke gar nicht dran. Ich presche vor in die Kantinenküche, fuchtele aufgeregt in der Luft umher und errege schließlich die Aufmerksamkeit des blonden Hünen. Seine anfängliche Gereiztheit über die Impertinenz meines Auftritts in seiner Küche weicht verständnisvoller Hilfsbereitschaft. Er zeigt mir den Tiefkühlschrank in der

Patisserie der Kantinenküche und weist einen Mitarbeiter an, meinen Dessert-Komponenten Obdach zu gewähren. Er empfiehlt mir außerdem, die Ente mit Aluminiumfolie luftdicht zu verschließen; so entstehe quasi ein Kochtopf im Ofen.

Gesagt, getan und dreimal »So« gesagt.

Die Suppe, die ich mit Croûtons und ausgelassenen Speckwürfeln serviere, ist grau wie der wolkenverhangene Himmel an diesem Tag im Januar. Die Keulen der Ente sind am Knochen noch zu rosa, und der Rotkohl wird in der kurzen Zeit nicht sämig. Meine Mousse ist außen festgefroren und innen flüssig.

Ich schäme mich so sehr, dass ich sehr hoffe, Herrn Volkermann nicht unter die Augen treten zu müssen.

Der Teil der Warenerkennung ist vonseiten der IHK mindestens genauso schlecht vorbereitet wie der praktische Part der Abschlussprüfung: Tiefgefrorener Schweinerücken liegt neben tiefgekühltem Kalbfleisch; weder farbliche noch strukturelle Unterschiede sind erkennbar. Gefriergetrocknete Kräuter liegen nebeneinander und bilden einen olfaktorischen Einheitsbrei.

Ich frage mich, ob die Prüfer der IHK zu Koblenz eigentlich eine Prüfung ablegen mussten, um prüfen zu dürfen. Und wenn ja, welcher Gartenzwerg die Gesellenbriefe dann verteilt hat.

Banges und langes Warten im Foyer. Es zieht, und es ist kalt. Ich bin mit den Nerven am Ende und beschließe, mich zu verpissen. Als ich mich mit den Kisten voll dreckigem Arbeitsmaterial durch den Flur stehle, begegne ich Herrn Volkermann. Ich sage ihm, dass es mir leidtut, und er sagt mir, dass er mir gratuliert. Es sei knapp gewesen, was denn los gewesen sei. Aber das spiele auch keine Rolle jetzt. Er bedeutet mir, die Kisten vom Hohenzollern mitnehmen zu können, und Tränen der Erleichterung und Dankbarkeit steigen in mir auf. Wir geben einander die Hand, und er reicht mir ein bisschen Geld für ein Fläschchen Wein.

Draußen springe ich in den Chrysler meines geduldigen Freundes Manu X-Rapid, und wir brausen davon, auf in den Rausch. Bis zur Unkenntlichkeit und noch viel tighter.

Gierig inhaliere ich den dichten Rauch aus der Fatman Bong. Tränen fließen über meine Wangen.

Denn jetzt bin ich ein Mensch erster Klasse.

12 An Weiberfastnacht im Lidl Feigling geklaut. Auf der Zugfahrt nach Köln Mixery getrunken und zu viel gekifft. Versucht, unter der Hohenzollernbrücke zu Drum 'n' Bass zu tanzen. Mich verliebt und vergessen, in wen. Im Schnee eingeschlafen und halb erfroren. Billiges Speed gezogen, bis nichts mehr in die Nase passte. Auf dem Heumarkt in Scherben stehend bis zur Besinnungslosigkeit gevögelt und nicht gekommen.

Abgebrochenen Bierflaschenhals in Vans und Fußsohle versenkt und nicht bemerkt.

Mit Ecstasy Menschenmögen ermöglicht. Freunde verloren, die neben mir standen. Viermal Labello gekauft. Filmriss.

Im eigenen Erbrochenen im eigenen Bett aufgewacht. Filmriss vergessen und im Bad einen Wildfremden beim Ins-Waschbecken-Ejakulieren erwischt. Kette geraucht. Haare gegelt, mit Handtuch verstrubbelt, Werk bestaunt und mit Haarspray fixiert.

Geschminkt, zerstört, vernachlässigt.

Verirrt, vergessen, angekommen.

Weiter.

Im Technoclub beim DJ Nirvana gewünscht. Leute beschimpft und Prügel bezogen.

Angst bekommen und halbstark posiert. Um Rauswurf gebettelt und Freibier bekommen. Zwischen Ravenden Pogo getanzt und Parolen gegrölt.

Schlafende mit Edding bemalt und Pfand gesammelt.

Kölle Alaaf und Funny Bunny Scheiße Club.

Sinsick City Barbarossastadt.

Rausgelaufen. Reingegangen. Heißer Schauer, kalter Schweiß.

Kokskur, kontern. System Error Broca-Areal. Kaltes Wasser, Kurze.

Handzahm lächeln, verschlossen tanzen, wahrgenommen werden wollen.

Blut aus dem Ohr, sabbern und kriechen.

Rauswurf. Endlich.

Drogen alle und Geld auch. Speedreserve für die Arbeit verschenkt. Großzügige Verschwendung. Intention und guter Wille. Aufhören. Nie wieder irgendwas. Mein Körper ist ein Tempel. Gelächter im Dunkeln.

Wach geworden. Kater ist was für übermorgen. In Zeitlupe den Tempel den Hügel hinaufgeschoben. Selbstgespräche geführt. Konflikt.

Gott sei Dank nimmt Zeitlupe keinen Ton auf. Glück im Unglück.

Kopf in den Nacken, Nasenbluten. Rauche Zigarettenstummel aus dem Aschenbecher auf dem Persoklo. Zeit rennt nicht, Zeit klettert die verbliebenen Stunden hin zum Feierabend rückwärts die Sprossen runter.

Körper, Geist und Neugier.

Wehmut, Schmerz, Vergnügen.

Irgendwann ist immer Sonntag. Sonntag, Montag Ruhetage. Veilchendienstagszug in Sinzig. Sozialpädagogikstudenten und Bürgermeisterkinder klampfen auf Pilzen und Hasch. Ich kann nur lachen, ich bin auf Pappe. Was für Affen. Peace!

Wodka Red Bull und Valium im Mischkonsum, Tag Team Match. Alle Gegner chancenlos, und ich selbst auch. Hasstiraden vom Radkasten eines Traktors aus gestreut. Gravitation gewinnt, Sturz. Schläfe küsst Anhängerkupplung. Knockout.

Maul voller Zucker und Strohhalm in der Nase. Weiße Kristalle in dunklem Raum. Jesus Christus Actionfigur. Black Eyed Peas auf MTV. Jamba-Monatspaket und Alcatel-Handy. Achteckiger Fliesentisch. Wasserkocher-Kaffee mit Instantpulver. Und jeden Tag einen Döner.

Saurer Schweiß und kalte Hände. Kreislauf stabil. Endzeit.

13 Wir schreiben den Februar des Jahres 2001 nach Christi Geburt.

Gerade eben hoffte ich noch, Karriere zu machen, zwischen all den Super-Azubis. Mit stolz umgebundenem Halstuch, wie eine Krawatte zu feierlichen Anlässen, und wattierten Stoffknöpfen an meiner gebügelten und gestärkten, blitzweißen Kochjacke.

Hechtklößchen aus dem Saum des Steinbutts zaubern. Seezunge und Hummer zu einer Roulade vereinen. Ein Dreierlei von etwas hier und ein Duett verschiedener zugeschnittener Körperteile gleich noch hinterher.

Das Kochen am Molteni-Herd, das Sich-Verbrennen, das Schwitzen, die Romantik und die Demütigung. Die unzähligen Stunden an den unendlich langen Arbeitstagen. Die Berufsehre und das Pathos und das Ich, das sich verdünnisiert, zäh dahinfließt in die Fußbodenentwässerung und den rettenden Morgen der nächsten Schicht.

Doch der Duft ausgekochter Knochen und frischer Lebensmittel weckt die Sehnsucht nach der Sterilität längst verkochter Speisen und deren Reanimation. Nach einem Ort, wo sich das Konto der kulinarischen Befriedigung dauerhaft im Dispo bewegt, soziokulinarisches Brachland, degustatorische Steppe aus Kartoffelpüree-Pulver aus der Tüte.

Ich bewerbe mich im Altersheim St. Anna in Ahrweiler.

Ein zu klein geratener und fast perfekt kugelrunder Mann mit einem sogenannten Schiffchen, schräg und locker auf der Seite des Kopfes aufgelegt, kommt raschen Schrittes auf mich zu.

Wir sitzen kurz zusammen an einem quadratischen Tisch aus hartem Plastik in der Cafeteria des Altersheims und trinken dünnen Kaffee aus einer Thermoskanne. Kekse von Bahlsen stehen bereit und Kaffeesahne und Zucker und Süßstoff. Alles portioniert und eingeschweißt. Eine Neonröhre flackert. Es riecht nach Tod.

Der Küchenchef erhebt seine Stimme. Er habe schon ganz andere Kantinen geschmissen. Dreitausend Personen hier, fünfhundert dort. Und das dann morgens, mittags und abends, dreimal am Tag. Die Bundeswehr, Langnese und diverse Mineralbrunnen. Ausbildung im Gourmetrestaurant, wie ich. Da sieht er eine Parallele. Doch – und er rechnet mir hoch an, das in meinem zarten Alter bereits erkennen zu können, und da wittert er Verbrüderung und Verbund – es gäbe nur einen Weg nach oben, raus aus der Nachtarbeit, dem Alkoholismus und den ewig vielen Stunden, hin zu einer rechtschaffenen Otto-Normalverbraucher-Existenz mit Vorgarten, Kleinwagen und Zeit für die Sportschau: Und das sei, ganz klar, die Gemeinschaftsverpflegung. Und hier im Altersheim, das sei natürlich vom Feinsten, Einstieg ganz oben in das Gefängnis der Freiheit der geregelten Arbeitszeiten, so was wie die Königsdisziplin: öffentlicher Dienst!

Zwölf Tage lang sieben kurze Stunden arbeiten, vier verdiente Tage frei. Work-Life-Balance, Zeit für die Familie, alles im Gleichgewicht. Sonn- und Feiertagszuschläge, Freizeitausgleich. Routine im Gleichschritt. Dümpeln in Schonkost. Astronautennahrung. Gleichmut. Jackpot!

In meiner schriftlichen Bewerbung gebe ich vor, Erfahrung in der Gemeinschaftsverpflegung, im Bankett-Bereich und in der Dokumentation der HACCP-Richtlinien zu haben. Ich könne umgehen mit Word und Excel und beherrsche Deutsch verhandlungssicher, heißt es da weiter.

Ich bekomme den Job zu Anfang März.

In der ersten Woche als Jungkoch in der Großküche meiner neuen Wirkungsstätte werde ich vertraut gemacht mit den großen Geschützen des Kochhandwerks. Halbautomatisierte Kochzentren, die ich in der Vergangenheit unwissend noch »Ofen« nannte, mehrere installierte Kessel mit über einhundertfünfzig Litern Volumen und einem hydraulischen Ausschank, digitale Kerntemperaturmesser mit Laser, Kippbratpfannen, mächtige Teigmaschinen und Konditorei-Hardware für Hunderte hungrige, zahnlose Kuchenmäuler. Kellen und Schneebesen, so groß, als seien sie für Riesen gemacht, die aber nur als Unterstützung dienen beim Schöpfen großer Mengen Eintopf für Menschen, die sich von ihrer Maximalhöhe wieder sukzessive in Richtung Erde bewegen.

Meine ersten Tage ähneln der Eingewöhnungszeit in einer Kita. Überall in den Speisen lauern Gefahren in den toten

Winkeln von Schonkost und Diätrestriktionen. Zusatzstoffe und Allergene sind in Packungsbeilagen ausgeschrieben wie Nebenwirkungen auf Beipackzetteln. Kreuzallergene Fallstricke und unsichtbare, fast heimtückische Gargrad-Hinterhalte stecken in den Lücken einer jeden Rezeptur.

Die Frühschicht beginnt um sechs Uhr dreißig mit der Zubereitung des Frühstücks.

Nach dem Tablettieren hat das Küchenteam eine halbstündige Pause.

Gemeinsam sitzen wir draußen, vor einer Glastür am Ende eines langen Flures mit Kühlhäusern, Büro, Personaltoiletten und Umkleidekabinen, essen belegte Roggenbrötchen mit Käse, trinken Tee oder Kaffee und rauchen, was das Zeug hält.

Wir, das sind außer mir zwei weibliche Küchenhilfen gehobenen Alters: Milena, eine Serbin mit mangelhaften Deutschkenntnissen, sehr blasser, fast ungesund wirkender Haut und Kurzhaarschnitt. Ihr eigentlich braunes Haar tönt sich durch das angesammelte Fett hin ins Schwarze. Die zweite Küchenhilfe ist Frau Hildegard Schröder (sie besteht darauf, gesiezt zu werden). Sie trägt verschiedene bunte Farben in ihrem Haupthaar umher, ist schwer übergewichtig, immer gut gelaunt und stets fleißig. Lebensmotto-Sprüche zieren Unterarme und Handrücken, Rückstellproben findet man im Zweifelsfall noch unter ihren sehr langen, grelllackierten Fingernägeln mit Piercing. Sie hört Rockmusik und Heavy Metal und träumt davon, sich von Slash von Guns N' Roses in der Missionarsstellung in die Bewusstlosigkeit penetrieren zu lassen.

Komplettiert wird unsere illustre Arbeitsgemeinschaft durch Pen Cayetano aus Belize, den Erfinder des Punta Rock. Pen ist nicht nur ein begnadeter Musiker und Multiinstrumentalist, sondern auch ein angesehener Künstler. Seine Tätigkeit als Spüler im Altersheim führt er lediglich aus, um sich im Schutze einer Krankenversicherung wiegen zu können. Sein exaltierter Kleidungsstil und sein paradiesvogelartiges Auftreten gehen einher mit seiner überaus gelassenen und lebensfrohen Persönlichkeit. Er summt und singt und lacht den ganzen Tag, ganz gleich, welch demütigende Aufgabe ihm eine der Franziskaner-Ordensschwestern aufträgt. Manchmal, wenn es besonders viel zu putzen und zu desinfizieren gibt, rauchen wir zwischen den Müllcontainern einen Joint aus purem Gras und steigern uns in deutsch-englischem Kauderwelsch in eine Art verbale Ekstase mit dem Themenschwerpunkt Britney Spears und deren Nacktheit.

Der Höhepunkt der Frühschicht ist die Ausgabe des Mittagessens in der Cafeteria.

An Vierertischen sitzen die Bewohner auf Sesseln oder in Rollstühlen, kommen entweder, falls dazu in der Lage, an die buffetähnliche Ausgabe, stellen sich ihren Teller aus den verschiedenen Komponenten selbst zusammen oder werden vom Pflegepersonal und den Küchenhelferinnen bedient, wie in einem Restaurant.

Jedes Mittagessen beginnt natürlich mit einem Gebet. Und eben dieses Gebet spricht jeden Tag, so Gott will, Frau Schneider, eine Dame im Rollstuhl, die an den Opa des kleinen Arschlochs von Walter Moers erinnert und mit einer Helge-Schneider-Stimme gesegnet ist.

Die Tischgemeinschaft rund um Frau Schneider stellt so etwas wie den VIP-Tisch des Altenheimes dar. Frau Hammerstein, ehemalige Gattin des Bürgermeisters von irgendeinem Kuhkaff, sitzt der streng gläubigen Frau Schneider gegenüber und straft die frommen und langen Gebete voller Danksagungen mit ständigem Augenrollen und vehementem Kopfschütteln ab. Während des Essens beschwert sie sich dauernd über die unterirdische Leistung des Küchen- und Servicepersonals. Die schlechte Lage ihres Tisches moniert sie ebenfalls und bittet forsch um eine andere Platzierung durch den Restaurantleiter.

Zur Rechten von Frau Schneider sitzt Herr Winkler, der jüngste Bewohner des Heimes, wegen mehrerer schwerer Schlaganfälle ein Pflegefall. Das ein oder andere Mal steht er während des Gebetes auf, greift sich in die Windel unter seiner Jogginghose, entblößt sein Glied und lässt es schwer und ungebremst auf die Tischplatte sinken. Speichel und Rotzfäden gleiten seidig aus seiner lüstern wirkenden, entgleisten Visage hinab. Die Sonne scheint durch die gläserne Fassade, die zähflüssige Spucke reflektiert das Licht und verleiht dem Penis etwas Edles, etwas In-Szene-Gesetztes. Er glänzt wie brandneues Plastikspielzeug.

Die braune Kümmelsauce verkrustet langsam an den Rändern der Warmhaltebehälter.

Die Anwesenden beim Mittagstisch werden von den Pflegerinnen durchgezählt wie damals die Kinder bei Klassenfahrten im Schulbus.

Am VIP-Tisch fehlt Frau Tyrol, eine kleine, aufgeweckte Frau, deren unbändige, schalkhafte Lebensfreude sie zu einer quirligen Bereicherung des Altenstifts macht. Der ungnädige Schleier des Alters lässt großmütig, hie und da, ihre verblassende Schönheit durchscheinen.

Ein greller und empörter Schrei, getragen von der Art Schall, den nur spärlich ausgestattete Räume hervorbringen, dringt in die Cafeteria.

Als Frau Tyrol sich selbst im Spiegel des Aufzuges erblickt, erkennt sie ihre Schwester.

Um die immerzu verblassende und dann wiederkehrende Erinnerung an die Schwester und das Bild ihres von Soldaten zerschmetterten Schädels zu verbannen, drischt sie auf sich selbst im Spiegel ein. Sie ist sauer auf die Schwester, auf die sie seit jeher vergebens wartet, und auf sich selbst, weil sie sie nicht beschützen konnte. Und um all das auszulöschen, schlägt sie zu.

Es ist Unmut, Rache, Strafe und Selbstmord in einem und immer wieder von vorne.

Es ist der neunte Spiegel, der in drei Monaten zu Bruch geht. Guten Appetit.

Irrwitzig rasant pest Frau Tyrol sodann zur Essensausgabe; im Begriff, ihren Schall zu überholen, schüttelt sie immerzu den Kopf, nuschelt vor sich hin und in sich hinein, drängelt an der Schlange der lahmen Alten vorbei bis ganz nach vorne, bestellt bei mir zweimal die Empfehlung des Tages, mit dem Hinweis, ihre Schwester verspäte sich mal wieder, das sehe ihr ähnlich; wie dem auch sei, beides zusammen servieren bitte schön, die Schwester sei doch selbst schuld, wenn das Essen dann kalt sei, sie solle froh sein, dass es überhaupt was gebe.

Nach dem Mittagsservice vervollständige ich die Frühschicht durch penibles Dokumentieren des vorangegangenen Vormittags.

Ich nehme Rückstellproben aller zubereiteten Komponenten, je fünfzig Gramm, fülle sie in transparente Einwegplastikschalen, wie man sie von den abgepackten Nudelsalaten in Hähnchen-Imbissen kennt, und friere sie, mit Datum und Bezeichnung des Gerichtes versehen, für vierzehn Tage ein, um eine lückenlose Rückverfolgung eventueller Keime oder Krankheitserreger gewährleisten zu können.

Da freut sich die Heimleitung und deren Versicherung.

Am Computer gebe ich die zuvor kontrollierten Temperaturen der verschiedenen Kühlhäuser und Tiefkühlkammern ein, dokumentiere Reinigungs- und Desinfektionsgeschehen nach den Richtlinien der HACCP-Verordnung und vergeude Zeit. Denn Zeit ist Geld.

Was immer ich während der Arbeitszeit verrichten kann, erledige ich vor Ort.

So rede ich mir ein, dass ich für das Schreiben romantischer Nachrichten bezahlt werde, zusammengesetzt aus diversen Songtextfetzen von Herbert Grönemeyer, Tori Amos und Neil Young, unter Zuhilfenahme des Textverarbeitungsprogramms T9 in Hunderte SMS übersetzt.

Ebenso für das Vorbereiten und Drehen von Joints, den Stuhlgang, das gelegentliche Onanieren auf der Personaltoilette und das Beantworten von Zahlungserinnerungen und Mahnbescheiden der widerwärtigen Kanzlei von Rechtsanwalt Superarschloch Rainer Haas und seinen Kollegen aus Hamburg.

Da ich mein Gehalt ausnahmslos immer schon im ersten Viertel des Monats auf den Kopf haue und es überhaupt gar nicht für angebracht halte, mir ein Monatsticket für die Bahn zu kaufen, fahre ich regelmäßig schwarz zur Frühschicht. Zur Spätschicht trampe ich.

Ich wohne in dieser Zeit in Bad Breisig, bin also fast Nachbar des Vaters, begegne ihm jedoch nie, weder zufällig noch beabsichtigt. Ich glaube, ich habe zu dieser Zeit noch nicht mal seine Telefonnummer.

Das wiederholte Schwarzfahren mit der immer gleichen morgendlichen Verbindung stellt mich vor eine wachsende Herausforderung. Da die Arbeitszeiten der Schaffner im öffentlichen Dienst der Ahrtal-Bahn offenbar mit meinem Dienstplan identisch sind, verliere ich jedwede Möglichkeit zu Tarnung, Versteckmanöver oder Flucht. Mein Zuspätkommen oder gar Fernbleiben von der Arbeit häuft sich ebenso exponentiell wie die Aufforderungen zu Strafzahlungen wegen wiederholten Schwarzfahrens.

Der Küchenchef erteilt mir in einem Gespräch unter vier Augen eine erste mündliche Verwarnung. Das ist so etwas wie eine Vorstufe zur schriftlichen Abmahnung, erklärt er mir zwinkernden Auges und präsentiert mir stolz einen nicht ganz uneigennützigen Lösungsansatz:

Er bietet an, mir seinen Citroën 2CV, kurz »Ente« genannt, zu verkaufen. Erstzulassung »anno dazumal«, zuverlässig wie die doppeltgebackenen Hoisin-Ente-Gerichte auf den Karten der ortsansässigen »Ding Dongs« und »Ha Longs«, ein Dauerbrenner. Mattorangefarbene Lackierung mit glänzend schwarz lackierten Applikationen, Pioneer-CD-Player mit Anti-Shock-Buffer, Laminatboden und Faltdach. Auf die Bedenken hin, die aus der schlichten Ermangelung einer Fahrerlaubnis aus mir hinausströmen und den Plan des Küchenmeisters zu durchkreuzen drohen, erwidert er als Gegenargument: »Hebelschaltung!«

Eine Hebelschaltung sei sowohl eine Garantie dafür, nie von der Polizei oder ähnlichen Instanzen kontrolliert zu werden, als auch eine sichere Bank in Sachen Sympathiepunkte bei anderen Verkehrsteilnehmern. Überhaupt würde eine solche veraltete Schaltung die Straßenverkehrsordnung, im wahrsten Sinne des Wortes, aus den Angeln hebeln und außer Kraft setzen. Zwar sei eine Flucht vor den Bullenschweinen mit dieser lahmen Ente aufgrund mangelnder Pferdestärken (ganz schön viele Tiere hier im Spiel) zu keinem Zeitpunkt empfehlenswert oder gar möglich; sehr wahrscheinlich aber, wie gesagt, auch gar nicht nötig.

Kurzum: »Ein Blickfang und Weibermagnet. Und Bullenschreck. Sechshundert Mark, zu zahlen in drei Raten, steht morgen vollgetankt zu Feierabend bereit. Ich beglückwünsche Sie recht herzlich zu diesem Kauf, Herr Strohe. Ein Vergnügen, mit Ihnen Geschäfte zu machen.«

Auf dem Parkplatz des Altenstiftes übe ich das Fahren mit meinem ersten eigenen Auto mit ausbleibendem Erfolg.

Über Schleichwege quäle ich meine Ente und mich in den Frühschicht-Wochen, schlaftrunken und zitternd, elendig langsam über Hügel, Stock und Stein und schränke die unmittelbare Teilnahme am Straßenverkehr auf asphaltierten Wegen mit Ampeln und Vorfahrtsregeln, so gut es geht, ein. Das Tanken übernehmen Freunde für mich. Einparken gehört nicht zu meinen Stärken.

In der Spätschicht, zu der ich weiterhin per Anhalter fahre, unterstützt uns in der Küche die sehr alte und ganz liebenswürdige Schwester Gerharda. Sie putzt Gemüse, wäscht Salate und schneidet Dinge für das Tablettieren des Frühstücks im nächsten Morgengrauen vor.

Von ihr erfahren wir, dass der hunderttausendste Geburtstag der Schwester Oberin bevorsteht. Natürlich steht es wegen Verzicht und Entbehrung und Bescheidenheit überhaupt gar nicht zur Debatte, dass dieser gefeiert wird.

Gemeinsam mit Pen und dem Küchenchef planen wir dennoch eine kleine Überraschungsparty. Zum Mittagessen wird es einen Eintopf geben, denn die Oberin hat am Eintopf-Tag Donnerstag Geburtstag. Dabei eine Ausnahme zu machen, das sei schon ganz schön dekadent und übertrieben und bringe die Bewohner durcheinander und wäre dem Geburtstagskind in all seiner ehrenvollen und tugendhaften Bescheidenheit sicherlich ganz fürchterlich unangenehm. Als besonderes Schmankerl wird den Eintopf eine sogenannte Pinkel-Wurst aus der Bremer Heimat unserer furchtlosen Führerin zieren.

Pen erklärt feierlich, er würde nur zu gern seinen Dank gegenüber der katholischen Kirche im Allgemeinen und den Schwestern des Franziskanerordens im Besonderen durch einen Schub künstlerischen Schaffens zum Ausdruck bringen und der Schwester Oberin, falls sie es denn annähme, ein Gemälde widmen und schenken.

Im Laufe der Woche berichtet mir mein Chef, er habe gekündigt. Ein wahrhaft wahnsinnig gutes Angebot aus Stuttgart vom Brillen-Riesen Carl Zeiss liege auf seinem Schreibtisch, das würde er nun sofort annehmen, und deshalb brauche er auch sofort die letzte noch ausstehende Rate für das Auto.

Ich verkaufe die Ente an einen guten Freund mit Führerschein und Fahrkompetenz. Von dem Geld, das übrigbleibt, nachdem ich den Küchenmeister ausbezahlt habe, kaufe ich mir im Baumarkt einen Motorroller mit fünfzig Kubik der Marke Noname.

Da mein Opa früher Motorradrennfahrer gewesen ist, liegt mir das Beherrschen eines Zweirades quasi in den Genen. Ich bilde mir ein, dass sich die Wahrscheinlichkeit, andere Verkehrsteilnehmer zu schädigen, mit der Reduzierung um zwei Reifen minimiert. Zu meinem eigenen Schutz vor meinen zügellosen Fahrkünsten trage ich einen eierschalenfarbenen Helm meines Opas.

Auf dem Weg zur Spätschicht rase ich mit meinem Gefährt die Ramersbacher Straße hinauf. Vor der Ahrbrücke am Feuerwehrhaus vorbei, links, rechts, am Kinderspielplatz entlang, mit siebzig Stundenkilometern Höchstgeschwindigkeit die Goethestraße hoch Richtung Arbeitgeber. Beim Abbiegen in die Straße, die zum Parkplatz des Altenheims führt, schneide ich ein Polizeiauto und schlängele mich, dem Gegenverkehr zum Trotz, vorbei in die kleine Seitenstraße. Triumphal spreche ich im Inneren meines Helmes zu mir selbst: »Augenmaß und Handgewicht sind des Koches erste Pflicht« oder so ähnlich.

Abrupt, mahnend und schrill ertönt das Martinshorn zu meiner Linken. In einer Parklücke bringe ich den Roller, eskortiert von der Polizei, zum Stehen.

Ich zeige meinen Personalausweis vor und entschuldige mich dafür, meine Fahrerlaubnis nicht mitzuführen. Vor meinem inneren Auge sehe ich zäh Vorladungen, Bußgeldbescheide und Mahnungen vorbeiziehen. Ich höre die endlos lange Ansage der Hotline von Rechtsanwalt Haas aus Hamburg in meinen Gehörgängen; sie kommt aus allen Richtungen, wie Diskussionen auf einem Hausflur. Ich zittere und habe den allergrößten Respekt vor dem Freund und Helfer.

Die Frage der Polizisten, ob ich Eugen Strohe kennen würde, kann ich bejahen. Sie attestieren mir einen wohl erblich bedingten Hang zum riskanten Fahrstil und bitten mich, dem Rennfahrer herzliche Grüße auszurichten, immerhin hätten sie beide bei ihm den Führerschein gemacht.

Während die erlösenden Worte surreal wattiert zu mir vordringen und sich die Erleichterung latent an meiner Anspannung bedient, erblicke ich im Augenwinkel die Konturen von Frau Tyrol auf der gegenüberliegenden Straßenseite.

Ehrfurchtsvoll und dankbar verabschiede ich mich von den Polizisten und hebe innerlich eine Hand zum Gruße Richtung Großvater.

Vorsichtig pirsche ich mich rüber, zu Frau Tyrol. Ich erkläre ihr, ich sei der Fahrdienst mit Motorrad, mein Name sei Eugen Strohe, ich sei Rennfahrer, Fahrlehrer und Kriegsveteran. Sie hakt sich bei mir unter und sagt: »Hört, hört!«

Die letzten paar Hundert Meter bis zum Altenstift setze ich sie vorne auf die Spitze des Sitzpolsters. Ich selbst steige sehr weit hinten auf den Roller, fixiere die Grande Dame mit meinen Unterarmen und stütze sie mit meinen Knien. Auf geht die wilde Fahrt. Ihre Haare wehen ungebändigt umher und flattern vom Sog des Gegenwindes durch mein offenes Visier und kitzeln meine Nase. Frau Tyrol jauchzt vor Begeisterung. Ich niese.

Unter Beifall ihrer Freundinnen steigt sie wie in der Zeitlupe eines Hollywood-Klassikers von dem kargen Roller ab. Sie bändigt ihr volles Haar. Mahnende Blicke und Kopfschütteln der Angestellten verfolgen meinen Gang in das Büro der Heimleitung. Ich werde abgemahnt. Dieses Mal schriftlich.

Die letzten Tage in der Küche mit dem Chef sind mit Leichtigkeit und einer Prise aufkommender Wehmut gewürzt.

Bei einem Gespräch im Büro der Heimleitung empfange ich meine Kündigung. Wegen der Abmahnungen. Und weil der neue Küchenchef wohl ein ganzes Team von diätetisch geschulten Assistenten im Schlepptau hat. Alle reagieren zu meiner vollsten Zufriedenheit und Genugtuung mit handfester Empörung. Ich merke jedoch schnell, dass mir das den Job nicht rettet.

Der Küchenchef rührt mit einem Spatel große Runden in Unmengen Grünkohl in der Kippbratpfanne. Pen Cayetano verhüllt theatralisch sein Werk zu Ehren der Schwester Oberin in einem mit Rückständen von Exkrementen besudelten Betttuch. Die Küchenhelferinnen dekorieren eifrig diverse Kuchen und putzen alles blitzeblank. Ich halbiere die Pinkel-Pärchen an den Stellen, an denen der Kunstdarm geknotet ist, und lasse sie ins siedende Wasser gleiten.

Frau Schneider tritt feierlich das Gebetsrecht an die Oberin ab. Ein Gebet jagt das nächste. Aus dem Grünkohl kondensiert die Flüssigkeit, und an den Rändern der Edelstahleinsätze bilden sich Salzkrusten. Das Wurstwasser beginnt zu kochen. Die Pinkel platzen. Herr Winkler kriegt Püriertes auf dem Zimmer.

Nach dem Festmahl versammeln sich die Ordensschwestern, Reporter des wöchentlich erscheinenden Stadtanzeigers, die Heimleitung und andere humorbefreite BWLer um die Staffelei und erwarten mit unfassbarer Spannung die Enthüllung des Werkes. Im Speisesaal verschlucken sich die Schwestern an ihrer stummen Empörung. In ihren Augen ist kein Funken Glaube mehr. Die Leinwand zeigt einen Jesus am Kreuz mit nichts als Schnellfeuerwaffe und Patronengürtel. Hasta la revolución.

In der Küche verabschieden wir kurz und knapp den großartigen Chef. Er bedankt sich für die Zusammenarbeit, gießt uns allen Filterkaffee ein, und wir prosten einander zu. In der Zeit der Essensausgabe hat er alle Kessel und Kipper mit Wasser gefüllt und auf siebzig Grad erhitzt. Er nimmt mich zur Seite und empfiehlt mir dringend, mich noch heute für die restliche Dauer meines Arbeitsvertrages krankschreiben zu lassen. Den Rest, so sagt er, würde das Kartoffelpüree-Pulver für uns erledigen. Draußen, vor dem Hinterausgang, bei den klimatisierten Mülleimern, qualmen die ungewaschenen Helferinnen Kette. Währenddessen rühren zwei boshafte Köche eifrig Unmengen Kartoffelpüree-Pulver in das heiße Wasser. Sie schwitzen stark unter ihren Kochmützen aus Papier.

Schwermütig wie Lava fließt das breiige, halbgare Kartoffelpüree den gierigen Schlünden der Fußbodenentwässerung entgegen. Die verschworenen Köche spülen es mit reichlich kaltem Wasser Richtung Kanalisation.

In der Umkleidekabine klagt Pen darüber, dass die Schwestern sein Kunstwerk nicht richtig interpretiert hätten, und lacht sehr laut. Der Küchenchef erklärt mir stolz, dass, während wir uns umzögen, die Püreemasse schon zu einer Art Beton aushärten und der Küchenbereich des Altenstifts nun über kein funktionstaugliches Abwassersystem mehr verfügen würde. Meine Bewunderung für den Meister kennt keine Grenzen. Ich leere meinen Spind, verabschiede und bedanke mich in aller Form und verlasse das Gebäude über den Hauptausgang Richtung meines Motorrollers auf dem Parkplatz für Mitarbeiter. Die Senioren sitzen draußen in der Sonne und vertilgen Blechkuchen und Geburtstagstorte. Im Helmfach verstaue ich, was nicht mehr in meinen Bundeswehrrucksack hineingepasst hat. Mit dem Helm am Lenker fahre ich langsam los. Frau Tyrol winkt mir zu. Sie kneift ihre Augen fest zusammen, wegen der Sonne. »Ciao, Eugen«, höre ich sie rufen.

14

Zäh geht die Zeit ins Land. Meine Freunde arbeiten entweder oder gehen noch zur Schule. Oder im schlimmsten Fall studieren sie sogar. Meine kleine Einzimmerwohnung richte ich mir vorzüglich her. Jetzt, da ich jede Menge Zeit hier verbringen werde, mache ich es mir wohnlich, das nehme ich mir fest vor. Komme, was wolle. Die Krankschreibung dauert noch an, und das Auslaufen der fristgerechten Kündigung lässt auch noch ein paar Wochen auf sich warten. Alles in allem eine durchaus komfortable Situation. Auch wenn die wirklich großzügigen Zuschläge für die Wochenendarbeit wegfallen, ist mein Gehalt für einen Jungkoch recht amtlich. Ist beziehungsweise war ja auch öffentlicher Dienst, klar. Obwohl der perfide Plan, die Küchenabflüsse des Altersheims mit Kartoffelpüree zu verstopfen, am Ende scheitert, wage ich es nicht, zu meinem Arbeitsplatz zurückzukehren.

Meine Wohnung liegt im Hochparterre eines Mehrfamilienhauses, unmittelbar hinter einer Eisenbahnbrücke an der Grenze zwischen Nieder- und Oberbreisig.

Von einem kleinen Flur mit Sicherungskasten, Downlights und eingebautem Wandschrank mit Spiegelfront gelangt man zur Linken in ein geräumiges, aber veraltetes und ständig kaltes Badezimmer mit Waschmaschinenstellplatz. Zur Rechten befindet sich der Wohn- und Schlafbereich mit einer Pantry-Küche in einem faltbaren Schrank aus Buchenholzimitat mit integriertem Kühlschrank.

Die Wohnung misst sechsunddreißig Quadratmeter.

Zu meiner Einrichtung gehört eine Matratze, ein schwarzer Schubladenschrank aus Edelstahl von IKEA und ein alter, großer Schreibtisch aus Kirschholz, der das Zentrum der Wohnung darstellt. Auf der Platte aus geschichtsträchtigem Edelholz rauche ich Eimer und nehme Drogen. Über den Tisch hinweg schieße ich mein Ejakulat durch die geöffnete Balkontür hinaus auf die Einfahrt zum hauseigenen Parkplatz.

Auf Pump kaufe ich mir beim Elektrohandel in Sinzig eine Stereoanlage von Yamaha inklusive Subwoofer und mehrerer Lautsprecher. Red Zac wird mein engster Vertrauter in diesem intimen Moment des bevorstehenden wirtschaftlichen Totalschadens. Er ist Mitwisser und Komplize. Und zwar mein einziger.

Übermotiviert gehe ich ernsthaft zugedröhnt die Sache mit dem wohnlichen Zuhause an. Nachdem ich die Stereoanlage installiert habe, stelle ich sie auf die Probe. Ich statte den Fünffach-CD-Wechsler aus mit den Dire Straits, Korn, Herbert Grönemeyer, Alanis Morissette unplugged und dem Live-Album von Peter Gabriel aus dem Jahr 1994.

Sowohl Soundqualität als auch das immens wichtige Lärmbelästigungs-Potenzial übertreffen meine Erwartungen. Die Klänge der Gitarre beim Einstieg von »Brothers in Arms« sind so glasklar und gewaltig, dass es sich anfühlt, als würde ich von ihnen getragen. Wie ein schwereloses Verschwinden, ein Dahinscheiden ohne Reue.

Es dauert nur zwei Songs, bis ich in den ruhigeren Passagen

der Musik energisches Klopfen und Dauerklingeln aus meinem Wohnungsflur vernehme.

Zurückhaltend und demütig öffne ich verstohlen die Tür einen Spalt weit und stecke meine Nase hindurch. Ich entschuldige mich, so was würde nicht mehr vorkommen, und ohnehin sei es ja das erste Mal, dass ich überhaupt so laut habe gewesen sein können. Neue Anlage, gute Musik und so weiter.

Die Mieter reagieren mit Verständnis, nicken und sagen so was wie: »Ja gut, okee. Wenn's nicht mehr vorkommt, dann geht das schon in Ordnung.« Immerhin sei ja noch helllichter Tag, und hier könne man schon mal ein Auge zudrücken, schließlich seien sie ja alle mal jung gewesen.

Ich nicke stumm. Dann schlage ich die Tür mit einer solchen Wucht vor ihnen zu, dass der Hörer der Gegensprechanlage runterfällt und das Deckenlicht kurz stottert. Aus tiefster Seele explodiere ich der Tür entgegen und brülle: »Fickt euch, ihr Hurensöhne!«

An meinem Schreibtisch befülle ich eine selbstgebaute Rauchvorrichtung aus Aluminiumfolie mit einer Mischung aus zuvor mit dem Feuerzeug getoastetem Filterzigaretten-Tabak und eingeschmolzenem Haschisch. In einem mit kaltem Wasser befüllten Zehn-Liter-Eimer versenke ich eine große, leere Fanta-Flasche, deren Boden ich zuvor unter Einwirkung von roher Gewalt entfernt habe. Von wegen »unkaputtbar«. Ich setze die Rauchvorrichtung auf das Mundstück der Flasche, entzünde mit einem Feuerzeug die Mischung und ziehe die Flasche langsam, mit kreisenden Bewegungen vom Boden des Eimers aus hoch, in meine Richtung. Zu beobachten, wie sich die große Flasche mit Rauch füllt, wie in einem Nebelsturm, ist eine Augenweide. Das Knistern der Glut und der betörende Duft der versengten Droge erzeugen eine fast romantische Kaminzimmer-Atmosphäre. Ich entferne die Vorrichtung, umschließe zärtlich den Flaschenhals mit meinen Lippen und sauge die rauchgewordene Dröhnung in mich hinein. Da ich geübt bin, schlucke ich all den Rauch, ohne zu zögern. Ich muss weder husten noch spucken. Wie wenn man beim Schwanzlutschen nicht kleckert. Stolz stoße ich den Rauch langsam hinaus und beobachte, wie er sich schüchtern an die Konturen meines Schreibtischs schmiegt.

Dicht!

Dichtsein bedeutet, die fast meditative Sedierung durch das THC als selbstverständlichen Istzustand wahrzunehmen, den man nie wieder verlassen möchte und dem die bittere Nüchternheit so stark entgegenwirkt wie eine Bremsspur der Höchstgeschwindigkeit. Dicht sein bedeutet Kurven nehmen. Tangenten bilden. Durchrasen in Superzeitlupe. Relative Motivation im Teilchenbeschleuniger. Pi.

Im Hintergrund meines Rausches summen die Stimmen von Paula Cole (sie sang einst den großartigen Song »Nietzsche's Eyes«) und Peter Gabriel im eingeschmolzenen Duett und in Dolby Surround: »Don't give up, 'cause somewhere there's a place where we belong«.

Ich werfe mich in Schale. Viel zu weite dunkelblaue Jeans von Diesel, in deren Gesäßtasche ich ein runtergerocktes Exemplar des gelben Reclam-Büchleins von Charles Baudelaires *Die Blumen des Bösen* stecke wie ein Einstecktuch am Revers eines Sakkos. Doc Martens, deren berühmte Naht ich mit einem Edding schwarz gefärbt habe, ein weißes Leinenhemd und eine dunkelblaue Trainingsjacke von Adidas mit defektem Reißverschluss. Auf geht's ins Dorf: Shoppen!

Heißhunger und bissiger Appetit lassen mich zuallererst

den griechischen Imbiss ansteuern. Bei den türkischen Betreibern bestelle ich einmal Gyros-Pita mit extralang getoastetem Döner-Brot, vielen Zwiebeln und einer zusätzlichen Portion Fleisch und Zaziki. Korrespondierend dazu nehme ich eine Pizza Tonno mit extra Gorgonzola, viel Knoblauch und Chili-Öl. Zur Krönung, denn man gönnt sich ja sonst nichts, spüle ich meine Bestellung mit einem halben Liter Fanta aus der PET-Flasche hinunter. Auf einer Art Wühltisch aus Buchenholzimitat liegen verwahrloste Tageszeitungen. Zur Unterhaltung während des Essens ziehe ich eine alte *Bild*-Zeitung aus dem Berg Tristesse vergangener Schlagzeilen. Und dort geht es mitunter um das bizarre Leben der »Samenräuberin« Angela Ermakowa. »Boris, hast du das gewusst?«, heißt es da weiter. Abwechselnd schiebe ich Gyros, Pommes frites und Thunfischpizza mit Blauschimmelkäse in mich hinein und denke an Rührei.

Frisch gestärkt, aber mit unerträglichem Aufstoßen von dem geschmacklichen Kauderwelsch begebe ich mich zu einem Blumenhändler mit dem Ziel der Anschaffung einer Zimmerpflanze. Ich entscheide mich für einen sogenannten Geldbaum und taufe ihn auf den Namen Ferdinand. An diesem Tag kaufe ich keine weiteren Einrichtungsgegenstände.

Auf dem Weg nach Hause entschleunige ich meine runtergebremste Motorik an einer Fußgängerampel zum totalen Stillstand. Ich schaue meinem neuen Gefährten Ferdinand, dem Geldbaum, tief in die Augen und stelle mich ihm vor. Ein jähes Hupen reißt mich aus meinem Monolog. Der Vater brüllt aus seinem alten Mercedes Cabriolet: »Es ist grün, Maximilian!« Vor Schreck verharre ich ein paar Augenblicke zu lang, die Ampel springt auf Rot, und der Vater beschleunigt den Sportwagen. Auf seiner Nasenspitze sitzt eine schwarze

Ray-Ban-Wayfarer und lässt ihn aussehen wie Jack Nicholson; eine braungebrannte Frau mit zurückgegelten Haaren sitzt neben ihm und zwinkert mir zu. »Aufwachen!«, brüllt der Vater, und das Auto rast aus meinem hinkenden Blickfeld davon.

Am Abend kommt eine Freundin vorbei. Wir kiffen noch ein bisschen mehr und planen unseren Ausflug zu »Rock am Ring« an Pfingsten. Das Wetter ist so gut, dass wir beschließen, die Matratze auf den kleinen Balkon zu quetschen und unter dem sternenklaren Himmel zu nächtigen. Wir kratzen einen bescheidenen Rest kleingehacktes Ecstasy zusammen, ziehen es durch die Nase und beginnen recht bald, von Wonne, Zuneigung und Sternenhimmel-Romantik getrieben, zu knutschen. Schließlich legt sich dieser Empathie-Schleier der Drogen über unsere Gemüter, fällt lautlos auf die Konturen unserer Bedürfnisse hinab und schmiegt sich wie Sprühpflaster über offene Wunden im Innern, lindert und verschafft unmittelbar eine kurzfristige Heilung.

Eine eher destruktive Phase peitscht mich durch die Zeit der Überforderung aus Selbstversorgung und ständigem Alleinsein. Wann immer ich Lebensmittel im Supermarkt kaufe und mir vornehme, mal etwas für mich zu kochen, scheitere ich an der Umsetzung. In dem kleinen Kühlschrank der Einbauküche gammelt der Billigfraß vor sich hin, Müll und Leergut stapeln sich in Bad und Flur. Die Nachbarn geben es auf, sich bei mir direkt zu beschweren, und melden sich bei der Hausverwaltung und dem Vermieter. Durch die ständige Fehde mit den Mietern lasse ich die Rollläden auch tagsüber unten, vermeide es, nachts das Licht anzumachen, und verlasse die Wohnung erst nach Mitternacht. Da ich mein ganzes Geld in Drogen und die damit einhergehende Stummschaltung meines Gewissens und meiner Sorgen investiere, ernähre ich mich fast ausschließlich von Bier, BiFi Roll und Chio Chips mit Chili-Geschmack aus dem Vierundzwanzigstundenladen. Der Laden schließt um vierundzwanzig Uhr.

Ich öffne weder den mit Mahnungen vollgestopften Briefkasten noch beantworte ich Anrufe von unbekannten Nummern. Freunde lasse ich nur noch sehr ungern in das anschaulich gewordene Spiegelbild meiner innerlichen Verwahrlosung. Ich schäme mich.

Der Vermieter meldet sich beim Vater.

Ich solle mich gefälligst zusammenreißen, sagt der.

In einer Nacht-und-Nebel-Aktion packen ein paar Freunde und ich die wichtigsten Sachen in einen geliehenen Transporter und lagern alles in einem nicht genutzten Proberaum in der Glasfabrik ein.

Als ich in der Nacht darauf zur Wohnung zurückkehre, um im Schutze der Dunkelheit noch schnell und unbemerkt den Freund Ferdinand, den Geldbaum, zu entführen, sind die Schlösser ausgetauscht.

Der Vater kommt für die Kosten der Renovierung auf und bewahrt Stillschweigen.

15

Ich bitte den Vater um Geld. Über seine schiefsitzende Brille hinwegblickend prüft mich sein wachsames Radar auf Hintergrund und Ursache. Immerhin habe er mir noch nie etwas zum Geburtstag geschenkt, werfe ich ein. Ein Geburtstag sei keine Leistung, entgegnet der Vater. Geld könne ich mir dazuverdienen, bei einem Weltstar wie ihm gebe es immer etwas zu tun.

Er reicht mir fünf Euro und sagt: »Sieh zu, dass mehr draus wird!«

Um sieben Uhr dreißig am nächsten Morgen beginnt meine erste Schicht. Der Arbeitstag startet mit einem Frühstück in der väterlichen Küche, einem großen Raum, nach hinten ausgerichtet, mit unverbautem Blick auf den Rhein. Eine mächtige Schweinemetzger-Theke aus Marmor in Bildhauer-Qualität, gefertigt in Stolberg um 1900, unterteilt den großen Raum in Kochnische und Esszimmer. Über einer wie ein Provisorium wirkenden Küchenzeile hängt eine Stange aus poliertem Kupfer. Sie trägt schwere französische Sauteusen und Kasserollen aus demselben Material. Ein Bialetti-Espressokocher aus Aluminium stört das Arrangement empfindlich. Der Sechs-Flammen-Herd mit Ceranfeld ist mit Gaffa-Tape notdürftig fixiert und wirkt, als käme er vom Sperrmüll.

Um einen schmalen, langen Refektoriumstisch stehen sechs Stühle aus dem Nachlass des Grafen von Münster, ihre Polster sind mit braunem Rosshaar bezogen. Ein ornithologisches Schaumodell eines Tukans aus dem 19. Jahrhundert guckt wie schlaftrunken aus dem originalen Schaukasten hinauf zu einem schweren, in Holz gearbeiteten Kuhkopf in Originalgröße mit echten Ochsenhörnern, der mit Gelassenheit das morgendliche Treiben überwacht.

Die Frau des Vaters betritt den Schauplatz. Sie war bei der Post und beim Bäcker und bringt ofenwarme Brötchen, die FAZ und den Inhalt des Postfaches, darunter schwere Hochglanzkataloge internationaler Auktionshäuser. Der Vater kommt leicht verspätet als Letzter an die Tafel. Er trägt lediglich Boxershorts, und ich schäme mich. Nicht, weil er halb nackt ist, sondern weil er dick ist und ich dünn. Seine ungewaschenen Haare widersetzen sich trotz reichlich Fett der Gravitation, stehen wirr ab und deuten verheißungsvoll und unregelmäßig in alle vier Himmelsrichtungen. Seine Augenlider sind noch ganz geschwollen vom tiefen und rechtschaffenen Schlaf, sehnsüchtigen Träumen in anderen Epochen; von Sex mit unrestaurierten Möbelstücken weiß er zu berichten.

Feines Porzellan in schlichtem Weiß von Rosenthal dient uns als Unterlage für die Brötchen, gute Butter und Himbeermarmelade von Staud's.

Mein Bruder moniert die spärliche Auswahl an Frühstückskomponenten. Er sehe eh schon aus wie eine Fleischwurst in der Pelle, erwidert der Vater.

Die Brötchen seien ihm nicht rösch genug, reklamiert er, der Bäcker sei eine Persona non grata. Gekonnt halbiert er das Gebäck nur mit seinem Daumen in zwei Hälften, die untere legt er zurück in die Papiertüte. Die obere platziert er sorgfältig, fast liebevoll auf einem britischen Edelstahl-Toaster und inhaliert gierig den Duft der versengten Krumen ein. Auf die Frage, was ich zu berichten wüsste, entgegne ich: Nichts. Das sei nicht viel, so der Vater.

Er beschmiert sich seine fast verbrannte obere Brötchenhälfte mit einem guten halben Zentimeter kühlschrankkalter Butter, etwas Schmand, reichlich Marmelade und verschlingt sie mit drei beherzten Bissen.

Meine Aufgabe heute, an meinem ersten Tag, bestehe darin, Stöcke zu heben.

Ich frage ihn, was das bedeutet. »Na, eben Stöcke heben, du Idiot!«

Kleinlaut und irgendwie enttäuscht über die sterile Begegnung mit der durch ihre Nacktheit auf äußerste Intimität konzentrierte Vaterperson krieche ich meinem Amt entgegen. Mein jüngerer Bruder zeigt mir den Keller und allerlei Gerätschaften zum Gärtnern und eine Schubkarre für die Stöcke, die ich heben werde.

Den Schlüssel für die Kellerräume nimmt er wieder mit nach oben und wünscht mir viel Vergnügen. Ich fühle mich gedemütigt und beneide und hasse den Bruder gleichermaßen.

Die Kunst des Stöckehebens besteht darin, Stöcke zu heben. Im Besonderen gilt es, auch die kleineren Stöcke wahrzunehmen, die also keine Äste sind und die der Vater quasi aus der Vogelperspektive von einem seiner Balkone aus mit Adleraugen in der kontrastarmen grüngrauen Tristesse seiner ungepflegten Parklandschaft erspäht.

Hie und da schleicht er im Schritttempo mit seinem alten Mercedes SL über die Unebenheiten seines Grundstückes hinweg und kontrolliert meine Tätigkeit. Auf dem Rücksitz des Cabriolets transportiert er mehrere Sechserträger Wasser in 1,5-Liter-Plastikflaschen aus dem benachbarten Discountriesen Plus. Den Inhalt, so weist er mich an, habe ich auf der Treppe vor dem Eingang in die dafür bereitgestellten Alessi-Kannen aus Edelstahl zu füllen, und dann, sagt er, soll ich zack, zack, ohne großes Nachdenken und Aufschieben, direkt und ohne Umwege, den Schrott entsorgen; zurück zu Plus damit, Pfand einstreichen und das spärliche Münzgeld als Anzahlung für die verrichtete Arbeit betrachten, er habe gerade nix auf der Naht und sei somit einige Stunden schwach bei mir.

Zur Mittagspause bittet der Vater mich vom Küchenbalkon aus schreiend nach oben in die Küche. Es gäbe einen geilen Rest, Branzino und Kartoffelpüree mit Olivenöl.

Mein vom Drogenkonsum aufs Spärlichste reduzierter Appetit duldet unter keinen Umständen Essen zur Mittagszeit.

Was mich jedoch viel mehr plagt und meine Arbeitskraft die nächsten langen Minuten bis zum Mittagessen deutlich reduziert, ist die aufkommende prophylaktische Scham, die mir schon im Nacken sitzt. Mit fremden Leuten am Tisch zu sitzen, nicht zu wissen, ob man Messer und Gabel beim wiedergefundenen Vater genau so hält wie in der vaterlosen Welt, aus der ich stamme. Benimmregeln, Manieren, Tischgespräche. Vom Heben der Stöcke habe ich dunkle Ränder unter den Fingernägeln, ist das ein Ausschlusskriterium? Und muss ein Gärtner eigentlich mit dem Großgrundbesitzer an einem Tisch sitzen? Selbst wenn er das vielleicht gar nicht will, der Gärtner? Gehört er dahin, der uneheliche Sohn, an den Tisch Verheirateter?

Das Kartoffelpüree ist das beste, das ich in meinem Leben je gegessen haben werde.

Es ist zubereitet aus feinsten Annabelle-Kartöffelchen vom Münstermaifeld, in Butter weichkonfiert, anschließend gestampft und abgeschmeckt mit Olivenöl und Fleur de Sel.

Der Vater stößt schwarzen Pfeffer sozusagen à la minute in einem schweren Mörser aus Marmor. Damit die Pfeffrigkeit auch noch fruchtig sei, sagt er.

Die Tage vergehen, und der Vater findet immer wieder neue Aufgaben für mich. Sessel entpolstern, Möbel schleppen, Straße fegen. Von einer Bushaltestelle unmittelbar vor seinem Grundstück, direkt an der B 9 gelegen, überwacht er zeitunglesend meine Aufräumarbeiten auf dem gegenüberliegenden Grundstück an den Bahngleisen. Er hätte McDoof nicht umsonst gezeigt, wer hier jetzt und immerdar der Platzhirsch sei. Lieber gesperrter Schotterparkplatz mit verwesendem Dreck und Plastikmüll, sagt er, als ein großes, hässliches »M« am Nachthimmel, das fressbaren Plastikmüll feilbietet.

Wenn er nicht auf Reisen ist oder Kontrolle ausübt, guckt er mit meinen Brüdern die Fußballweltmeisterschaft in Kneipen um die Ecke.

Manchmal folgen meine Blicke dem Cabriolet die Schnellstraße hinauf, bis es abbiegt. Dann schleiche ich hinterher und verharre vor einer Kneipe, aus deren Innenhof die Stimmen meiner Verwandtschaft schallen, und sehne mich in ihre Mitte. Aber dann dreht sich der Wind, und die Stimmen kommen näher und von überall her. Schnell stehle ich mich davon, zurück in den Garten. Ich werde ja schließlich nicht fürs Vermissen und Nachstellen bezahlt.

16

Ich bewerbe mich als Page im Casino von Bad Neuenahr mit dem Ziel, gutbetuchten Ladys mittleren Alters oder jungen Schönheiten, die mit sehr alten Herrschaften liiert sind, im benachbarten Steigenberger Hotel den Hof zu machen, es ihnen ordentlich zu besorgen und dafür fürstlich entlohnt zu werden. Zwei, drei grüne Scheine hier und drei, vier da; eine Nacht im Hotel noch obendrauf, Room Service inklusive. Mit den Unmengen leichtverdienten Geldes, so nehme ich mir vor, beziehe ich eine schicke Wohnung im Zentrum des Kurstädtchens, trage fortan feine Designerklamotten und mutiere mit sofortiger Wirkung zu einer Edelnutte, wie sie im Buche steht.

Als mein Handy klingelt und ich rangehe, erkenne ich die Stimme von Herrn Volkermann wieder.

Er erklärt mir, der Herr aus der Personalabteilung des Spielcasinos habe sich bei ihm nach mir erkundigt, und berichtet weiter, es gebe eine vakante Stelle auf Hohenzollern. Die Tätigkeit von Herrn Speer liege quasi in den letzten Zügen, Volkermanns Schwiegersohn werde die Küche übernehmen: Gute Laune, junges Team und frischer Wind.

Ich möchte gerne so tun, als hätte ich mich seit meiner letzten Anstellung im Restaurant weiterentwickelt und als hätte ich mein Leben im Griff und nehme mir vor, ein makelloses Erscheinungsbild zur Schau zu stellen. Da ich aber noch kein Geld mit meinem kargen Körper verdient habe, ist die Auswahl, die mein nicht vorhandener Kleiderschrank mir bietet, für das Vorstellungsgespräch recht spärlich.

Ich entscheide mich dafür, möglichst sauber und gepflegt aufzutreten, trage die Aldens und auch sonst ausschließlich Schwarz.

Auf Hohenzollern angekommen, werde ich begrüßt wie ein verschollen geglaubter Sohn. Alle erinnern sich an mich, geben mir die Hand, fragen nach dem werten Befinden und offerieren Kaffeespezialitäten und Wasser. Und wie bei meinem allerersten Besuch auf Hohenzollern führt mich der Eigentümer direkt und ohne Umwege durch das Restaurant ins Pfaffenbergzimmer. Hinter dem Tresen zapft der Sommelier Herr Schäfer gerade ein Bier, schaut mich erschrocken an, zwinkert mir verschworen zu und sagt: »Der Täter kehrt immer an den Tatort zurück.«

Im Separee schildere ich meine Situation der Arbeitslosigkeit, der damit einhergehenden Problematik beim Finden einer Wohnung, und auch von dem Malheur mit einem Auffahrunfall ohne Fahrerlaubnis berichte ich Herrn Volkermann.

Das sei alles überhaupt gar kein Problem, sagt er, Köche fänden immer Arbeit, gegessen werde schließlich immer. Und zufällig habe er da auch ein freies Zimmer in einer Art Wohngemeinschaft direkt in Ahrweiler an der Hand, sozusagen sofort bezugsfrei. Herr Schäfer serviert uns zwei kleine, meisterlich gezapfte Biere mit surreal wirkender Schaumkrone und verschwindet lautlos wieder aus dem Zimmer. Wir prosten einander zu, ziehen das kühle Gold in einem weg, und Herr Volkermann bedeutet mir, ihm zu folgen.

In einem silbernen Mercedes-M-Klasse-Geländewagen rollen wir bedächtig die Unebenheiten des Hügels hinab, bevor der kräftige Motor einmal aufheult, wir an der Römervilla links abbiegen und an der Ahr entlang Richtung Eifel fahren. Vor einem kleinen Einfamilienhaus mit Vorgarten und Gartenzwergen endet unsere kurze Spritztour. Eine ältere Dame mit Kittelschürze öffnet die Tür, und Herr Volkermann stellt uns einander vor. Im Hausflur riecht es penetrant nach gekochtem Kohl und etwas in guter Butter Gebratenem. Ich muss augenblicklich ganz liebevoll an meine beste Oma denken und nehme mir fest vor, sie noch öfter zu besuchen. Über eine mit Teppichboden ausgelegte hölzerne Treppe neben dem Hauseingang steigen wir in das niedrige Dachgeschoss empor und betreten eine kleine, möblierte Wohnung mit zwei Zimmern, einer Küche mit Esstisch aus Plastik und Campingstühlen und einem kleinen Badezimmer mit Dusche. Als ich aus dem Fenster neben dem Waschbecken schaue, sehe ich das Altersheim, in dem ich mal gearbeitet habe, und wünsche mir, die Mannschaft von früher sei noch dort und ich könnte sie mal besuchen gehen.

Das größere der beiden Zimmer ist bereits an einen Lehrling aus dem Hohenzollern vermietet; durch die geschlossene Tür dringt stumpf-stupider Techno allerunterster Schublade. In dem noch freien Zimmer stehen ein schmales, mit fliederfarbener Bettwäsche bezogenes Bett, ein kleiner Schreibtisch und ein Kleiderschrank. Dass es perfekt sei, sage ich; dass es meins sei, sagt Herr Volkermann. Um die Miete solle ich mir erst mal keine Sorgen machen, die würde dann, am Ende des Monats, einfach vom Lohn abgezogen, somit hätte ich damit gar nichts zu tun. Wir besprechen kurz alles mit der Vermieterin, bestätigen ihr, dass ich ein sehr angenehmer, verantwortungsvoller und leiser Mieter sei, Damenbesuch kategorisch ablehne und überhaupt nur zum Arbeiten und demütigen Lernen bei Herrn Speer in die Provinz gekommen sei. Sie nickt sehr verständnisvoll und reicht mir die Schlüssel. So weit, so gut.

In einer Gaststätte im Innern der Stadtmauern spendiert mir der Herr Volkermann dann noch zwei halbe Brötchen mit Mettwurst, reichlich rohen Zwiebeln und frisch gemahlenem weißem Pfeffer. Dazu trinken wir zügig ein paar schnelle Kölsch. Die nächsten zwei Tage hätte ich frei, lässt er mich wissen, und dann gehe es los. Beim Verlassen des Lokals greift er in die Innentasche seines Sakkos und überreicht mir einen Briefumschlag mit Bargeld.

So könne ich den Fahrzeughalter auslösen und ein bisschen wirtschaften.

An meinem zweiten ersten Tag auf Hohenzollern starte ich als ausgelernter Koch erst um neun Uhr dreißig und wundere mich, dass Herr Speer schon vor Ort ist. Er ist sichtlich entspannter als noch vor gut anderthalb Jahren und korrigiert die gespielte Aufrichtigkeit seiner Begrüßung durch ein übertriebenes Verdrehen der Augen in eine für ihn angemessene Ignoranz. »Boah ey, der Herr Speer«, sage ich selbstbewusst, und er muss grinsen.

Ich gehe in den Keller, um mich umzuziehen. In dem langen Flur begegne ich Schumi, er lacht und schüttelt den Kopf. Herr Krause, der Pilzkrieger, trottet mir gemütlich entgegen und ruft: »Samwise, zurück in Mordor?«

Ich werde mal wieder auf dem Entremetier eingeteilt und bin fortan Schumis rechte Hand. Auf dem Posten haben wir zusätzlich Unterstützung vom Auszubildenden im zweiten Lehrjahr, Timo Caspers. Er ist ein dünner Hüne mit sehr blasser Haut, der den Dalton-Brüdern aus den Lucky-Luke-Heften sehr ähnlich sieht. Sein hervortretender Kiefer ist in ständiger malmender Bewegung, er frisst die ganze Zeit.

Die Vormittage starten wir täglich mit einer Kiwi, die wir mit einem Silberlöffel direkt aus der Schale heraus in uns hinein verschwinden lassen. Vitamine seien wichtig, sagt Schumi. Nachdem das Hotelpersonal das Frühstücksbuffet abgebaut hat, schmieren wir uns Brötchen mit Butter, belegen sie mit Schinken, einem gepellten, wachsweich gekochten Ei und reichlich Käse, um diese Kreation dann in einer der Mikrowellen zu überbacken. Es ist eine herrliche Sauerei.

Frisch gestärkt machen wir uns also an die Arbeit. Gekocht wird noch das Menü und die Speisekarte von Herrn Speer. Er selbst allerdings steht nur noch selten am Herd, arbeitet nur halbtags und verbringt den größten Teil seiner Anwesenheit damit, sein großes Abschiedsessen, das in einigen Wochen an zwei aufeinanderfolgenden Abenden stattfinden wird, vorzubereiten und seine ehemaligen Mitarbeiter dafür zu rekrutieren.

An einem sonnigen Mittag, kurz nach dem Personalessen, kommt ein Audi-Cabrio den Hügel herauf und parkt schließlich genau vor der Tür mit dem Fliegengitter am Seiteneingang der Küche. Ein sehr gut aussehender junger Mann mit kurzen dunkelbraunen Haaren betritt die Küche. Er trägt eine Sonnenbrille, die die nahezu perfekt symmetrischen Konturen seines Gesichtes hervorhebt wie ein Rahmen ein Gemälde. Die Ärmel seines weinroten Poloshirts ohne Label betonen seinen muskulösen Oberkörper. Er begrüßt alle mit Handschlag und stellt sich als Herr Reuter vor. Dann verschwindet der

Schwiegersohn kurz im Kühlhaus, kommt mit fünf Eiern, einem Bund Schnittlauch und einer Avocado zurück und bereitet sich auf dem Molteni-Herd ein Omelett zu. Er verwendet nur das Weiße vom Ei. Herr Speer verlässt entnervt die Küche Richtung Büro.

An den Abenden nach den langen Schichten treffen wir jungen Köche uns mit den Kollegen und Kolleginnen aus dem Service und dem Hotelfach in einer Kneipe namens Schwarzbrennerei. Auch der Chef-Spüler Uwe ist immer mit dabei, denn er darf jetzt, nachdem Herr Volkermann ihm eine Operation wegen seiner Epilepsie ermöglicht hat, Alkohol trinken. Und das macht er mit großem Erfolg, ist dem Delirium meist ebenso nah wie einst der Dionysos. Im Vollrausch schreibt er dann gerne schmutzige Gedichte über die Hauptcharaktere des Hohenzollern mit obszönen Pointen.

An einem der ausufernden Abende kommen wir ins Gespräch, und er berichtet von seiner allergrößten Leidenschaft, dem Schachspielen, und seiner zweitgrößten, dem Sammeln alter und neuer Aufzeichnungen diverser Wrestling-Großveranstaltungen. Und zu Wrestling kann ich auch etwas sagen. Angeregt und mit leuchtenden Augen erzählen wir einander vom »Macho Man« Randy Savage, Hulk Hogan, Bret »The Hitman« Hart und von unserem gemeinsamen Lieblings-Wrestler, dem »Undertaker«, und seinem Manager Paul Bearer. Wir beschließen, einen Videoabend in meiner neuen Bleibe zu veranstalten, nur wenige bis gar keine weiteren Kollegen einzuladen, amerikanisches Junkfood zu fressen und Dr-Pepper-Cola zu saufen wie einst Forrest. Forrest Gump.

Die Küche auf Hohenzollern leitet in der Zwischenzeit Herr Krause. Ab und an kommt Herr Reuter, stets sehr gut gekleidet, in die Küche, macht sich was zu essen, probiert mal was, hält einen Löffel in Suppen und Saucen, verkostet mit geschlossenen Augen und führt Sondierungsgespräche mit dem vorhandenen Küchenpersonal im Pfaffenbergzimmer.

Einmal begleitet ihn sein Freund und zukünftiger Sous Chef, Volker Lahn, auf Hohenzollern. Die beiden stehen am Molteni und flankieren links und rechts den Herrn Speer. Reuter und Lahn sind beide einen Kopf größer als mein Peiniger und sprechen übertrieben laut über seinen Kopf hinweg miteinander und rufen sich so Dinge zu wie: »Hör mal, Martin, glaubst du, der Speer ...«, und Reuter fragt: »Wer? Wen zum Teufel meinst du, Volker?« – »Glaubst du, der alte Sack hat je etwas davon gehört, dass die Dinosaurier ausgestorben sind?«

Ich beobachte das Geschehen aus halbsicherer Distanz vom Entremetier gegenüber aus und freue mich innerlich ein ganz klein wenig, weil der Speer jetzt auch endlich mal was abbekommt, so wie er es verdient. Gleichzeitig schäme ich mich dafür, eine solche Demütigung gutzuheißen, und bemitleide den alten Tyrannen.

Ich kann es kaum erwarten, dass der Herr Speer endlich weg ist.

Timo Caspers und ich werden ein eingeschworenes Team, produzieren frische Nudeln in verschiedenen Farben und Formen, machen Mise en Place und kochen Suppen und Veloutés und putzen Gemüse, bis wir nicht mehr wissen, wo Kocharm aufhört und Brokkolistrunk beginnt. Wenn Schumi freihat, vertrete ich ihn und koche am Molteni. Herr Krause ist geduldig und gibt mir Zeit, meinen Rhythmus zu finden. Er zeigt mir Kniffe und Tricks, und das Kochen macht Spaß.

Herr Speer fragt mich, ob ich ihn bei seinem Abschiedsessen unterstützen würde. Immerhin sei es sicherlich der letzte Abend, an dem auf Hohenzollern gut gekocht werde. Ich lehne dankend ab, und Speer sagt schüttelnden Kopfes: »Boah ey!«

Die nächsten Wochen vergehen, Herr Reuter übernimmt mehr und mehr das Zepter. Und zwar startet er in der kalten Küche, nimmt einige Änderungen an Speisekarte und den Menüs vor und krempelt bestehende und festgefahrene Arbeitsabläufe um.

Seine Entscheidung, als Küchenchef nicht am Saucier zu kochen und von dort aus die Bons zu annoncieren und den Rhythmus vorzugeben und zu kontrollieren, stößt bei der Küchenmannschaft auf Unverständnis und Widerwillen. Die treuen Köche von Herrn Speer bezweifeln seine Fähigkeiten und machen ihm das Leben schwer.

Am Abend der Wrestling-Fan-Party kommen Caspers, Uwe und eine Kollegin aus dem Service vorbei, und wir starten mit WrestleMania X aus dem Jahre 1994 auf VHS. Ich merke schnell, dass sich zumindest bei mir die grenzenlose Begeisterung von früher nicht reaktivieren lässt, und befürchte, dass es ein zäher und langweiliger Abend wird. Uwe kennt die Aufzeichnungen so gut, dass er den Quatsch, den die Moderatoren von sich geben, auswendig und fehlerfrei mitsprechen kann. Als er die dritte Cola öffnet, fragt Caspers mich, ob ich eine Pille nehmen wolle, und ich will. Und die Kollegin, die will auch. Uwe ist von dem Geschehen in schlechter bildlicher

Qualität so vereinnahmt, dass er es nicht mitbekommt, wie wir anderen kurz das Haus verlassen, um Bier und harten Alkohol zu kaufen.

Der Wechsel von drinnen nach draußen beschleunigt die heransausende Wirkung der Droge. Die frische, sauerstoffgeladene Luft in der einsetzenden Dämmerung trippelt über unsere kalten, schweißnassen Hände und kitzelt empfindlich deren Nervenenden. In unseren Bäuchen explodieren die Gefühle, unzählige Schmetterlinge treten hervor und bevölkern hektisch und friedvoll den dunklen Nachthimmel unseres Innern.

Der exquisite und feine Rausch der erlesenen Pillen wird im Laufe des Abends vom faden Beigeschmack eines Alkoholexzesses beiseitegespült und zieht sich schlussendlich demütig zurück. Uwe ist so besoffen, dass er vergisst, welcher Wrestler welcher ist. Caspers schwingt sich auf seinen Roller und düst davon, um zu schauen, ob es irgendwo noch mehr Drogen gibt.

Die Kollegin und ich ziehen uns voreinander aus und liebkosen im Stehen abwechselnd die Genitalien des anderen mit Mund und Zunge.

Langsam lassen wir uns auf die kratzige Tagesdecke meines Bettes sinken und bekommen Gänsehaut. Wir legen uns nebeneinander, um uns zu wärmen, und werden eins. Sehr langsam und ganz zärtlich verschmelzen wir im gegenseitigen Auf und Ab zu einem Knäuel. Ich sage: »Ich liebe dich!«, und höre: »Ich liebe dich!«

Uwe steht in der Tür und masturbiert.

Und er masturbiert ebenso erfolgreich, wie er sich zuvor besoffen hat.

Die Monate auf Hohenzollern vergehen, es ist mein bisher tollster Job. Der Liebe wegen ziehe ich vom malerischen Ahrweiler erwartungsvoll und treudoof ins unschöne Hannover und bereue es augenblicklich.

17 Die erste große Liebe meines noch jungen Lebens verlässt mich nach drei Jahren voller Leidenschaft, Verzehrung und Selbstaufgabe. Ich leide wie die Sau.

Die Wochen nach der Trennung sind mit die unglücklichsten meines Lebens. Zwischen naiver Hoffnung auf Versöhnung und gleichzeitiger Gewissheit, dass es zu Ende ist, quäle ich mich wehleidig zur Arbeit.

Mein Küchenchef im Monte Collo, Peter Kollhoff, ist so jemand, der einen Ring von Jil Sander am Daumen trägt. Und einen Armreif aus Ketten von Emporio Armani noch dazu. Beim Schmuck mischt er Silber und Gold. Weil er sehr braungebrannt ist, kann er das sogar so tragen. Den schlimmen Sonnenbrand, der dieser dunkelbraunen Färbung seiner Haut voranging, hat er erfolgreich mit Eigenurin bekämpft. Den Brand gelöscht, sagt er, und einfach weggepinkelt.

Bevor er in seine Geburtsstadt Hannover zurückkehrte, um dort zu bleiben, arbeitete er für die Formel 1. Er reiste die ganze Saison über dem Rennzirkus hinterher, von Land zu Land und von Rennen zu Rennen. Da versteht es sich von selbst, dass auch sein Schwanz Kosmopolit ist. Dass er, der Penis, in den internationalen Gewässern aller Vaginen dieser Welt in See stach oder ins Rennen ging und sie folglich sein Zuhause nennt.

Ich versuche mich attraktiv zu fressen für den narzisstischen Konkurrenzkrampf um das andere Geschlecht. In der Küche des Edelitalieners, bei dem ich arbeite, machen wir die Pasta täglich frisch. Was übrigbleibt, stopfe ich nachts in mich hinein. Nach fast jeder Schicht esse ich Spaghetti aglio e olio con peperoncini und spüle sie mit obszönen Mengen Fanta hinunter. Um der Süße des Brausegetränks entgegenzusteuern, schiebe ich noch ein paar überbackene Champignonköpfe hinterher. Sie sind gefüllt mit einer Sauce bolognese und gratiniert mit Taleggio-Käse. Zum Dessert serviere ich mir reichlich Tiramisu.

Als ich dem Küchenmeister im Vollsuff mein Leid klage, nickt er sehr verständnisvoll und gießt mir noch einmal nach. Er versichert mir, dass meine Trauer und die Eifersucht nicht ewig andauern würden. Ich glaube ihm nicht.

In der Bar des Steigenberger Hotels, im Seitenflügel des Hannoveraner Hauptbahnhofs, findet donnerstags regelmäßig eine kubanische Tanznacht statt. Der Küchenchef bläst zur Attacke, und wir, das Küchenteam, folgen seinem Schlachtruf. Er rät mir, »nach rosa Muschis« Ausschau zu halten; ihre Künste auf dem Gebiet des Liebesspiels seien denkwürdig und legendär und ließen mich ganz sicher meinen Liebeskummer vergessen.

Das Publikum tanzt sehr eifrig, ganz ernst ziemlich erotisch. Die heiße Atemluft füllt die hohen Decken des Gewölbes. Es knistert.

Raus hier!

In den endlosen Hallen des Bahnhofs kaufe ich mir eine Bratwurst im Brötchen mit Ketchup und Senf, ein Bier und zwei Kurze bei McWurst. Ein Kollege bittet mich, ihn in die Diskothek Osho zu begleiten. Ich habe keine Einwände und folge ihm auf dem Fuße.

In dem Traditionsschuppen mit manegeähnlichem Innern laufen Dance Classics und die Charts von heute.

Mein restliches Bargeld lasse ich im Tausch gegen Smirnoff Ice über den Tresen wandern, als vage die ersten Töne von Robbie Williams' Smash-Hit »Feel« aus den Lautsprechern zappeln. Ich genieße die Schnulze, identifiziere mich zu einhundert Prozent mit dem Gesungenen und natürlich auch mit dem Interpreten, exe gemächlich meine Alkopop-Vorräte in mich hinein und hechte zur Garderobe, um mich unbemerkt davonzustehlen.

Eine bildhübsche, engelsgleiche Blondine beobachtet mich einsam von einer Treppe aus. Ich traue mich nicht, sie anzusprechen.

Draußen vor der Diskothek zünde ich mir eine Zigarette an, als jemand vehement von hinten am Ärmel meiner Barbour-Jacke zerrt. Eine kleine Frau mit kastanienrot gefärbtem Haar und blauen Augen stellt sich mir als Caro vor.

Vermutlich sieht sie mir an, dass ich jemand anderen erhofft habe.

Sie erzählt mir, sie und ihre Freundin hätten sich fest vorgenommen, etwas ganz fürchterlich Unanständiges zu tun, und bittet mich um Unterstützung. Natürlich begleite ich sie nach Hause.

In einer kleinen, geschmackvoll eingerichteten Altbauwohnung trinken wir Amaretto aus der Flasche und warten auf ihre Freundin. Im Bad rieche ich an den Flakons der verschiedenen Parfums und atme betörende Düfte ein. Ich springe schnell unter die Dusche und betrete danach, nur mit einer Jeans bekleidet, das angrenzende Zimmer.

Die Blondine von vorhin aus der Diskothek, Nettie, und Caro lassen ihre Hüllen fallen und wir uns aufs Bett.

Caro hockt breitbeinig neben Netties Gesicht und stimuliert aufgebracht ihre Klitoris. Caro hat braune Haut.

Ich versenke Zeige- und Mittelfinger in Netties Vagina und lecke sie. Ich rieche matt den entfernten Rauch der Zigaretten einer ganzen Nacht und die gerösteten Mandeln des Amarettos an meinem Daumen, den ich abspreize und mit dem ich mein Kinn stütze. Nettie hat sehr weiße Haut. Ihre großen Brüste kullern weich und rund im Kreis über ihren gewölbten Rippen umher. Caro kommt.

Nettie sagt: »Schlaf mit mir.« Widerstandslos dringe ich in sie ein. Caro masturbiert weiter und guckt empört. Nettie winkelt ihre Beine an, und ich lege sie mir über die Schultern. Caro knetet eine weiße und eine braune Brust. Netties Füße formen ein Hufeisen. Ihre Zehennägel sind schwarz lackiert.

Caro kommt.

Wir auch.

Pause. Rauchen, Amaretto. Von vorne, andersrum.

Wir fummeln, lecken und vögeln, tauschen die Rollen, geben uns einander hin und werden ein fickendes Mosaik.

Erst der frühe Mittag und die Stimmen zweier Männer auf dem Wohnungsflur trennen unsere Körper voneinander.

Spärlich bekleidet flüchte ich durch das Fenster über die Feuerleiter hinaus in den Hinterhof, wie in einem schlechten amerikanischen Film.

Mein Herz tut mir weh, und ich fühle mich, als hätte ich jemanden betrogen.

Den Job im Monte Collo Numero Uno, im Hannoveraner Stadtteil Kirchrode, kündige ich mit dem Ziel, als Mietkoch auf Messen und Großveranstaltungen enorm viel Geld zu verdienen.

Ein großer Vorteil an dieser Art Job bei einer Personalüberlassungsagentur ist, dass bei den verschiedenen Aufträgen an den unterschiedlichsten Orten der Republik stets eine Übernachtungsmöglichkeit geboten wird.

Mein erster Auftrag verlängert meinen Aufenthalt in Hannover um eine weitere Woche, denn die Cebit steht vor der Tür. Ich bin enttäuscht.

Die Parkplatzflächen vor dem Haupteingang zum hochmodernen Expo-Gelände aus dem Jahre 2000 sind einer Legebatterie nicht unähnlich. Unmittelbar davor stört ein flacher Bau aus Platten, der aussieht, als bestünde er aus schon mehrfach recyceltem Styropor, die futuristische Anlage. Im Innern dieses Containers ist eine Art Jugendherberge für ausgeliehene arbeitnehmende Menschen untergebracht. Die Zimmer sind mit farblosen PVC-Böden und schmalen Betten aus Sperrholz ausgestattet. Die Fenster lassen sich nicht öffnen, es riecht nach Füßen und versengtem Plastik.

Obwohl Zimmer, Flure und Sammelduschen von den verschiedenen Berufsgruppen überfüllt sind, wirkt das Gebäude nahezu verlassen.

Auf den weitläufigen Fluren sitzen unter anderem Hotelfachleute, Kellner, Köche, Hostessen und Messebauer an Plastiktischen beisammen. Sie spielen Karten, essen Ungesundes oder saufen. Ich fühle mich unwohl.

In der Nacht vor meinem ersten Arbeitstag schlafe ich schlecht. Mein besoffener Zimmernachbar hört sehr laut Nazi-Musik über seine Kopfhörer und verströmt einen widerlichen Geruch. Ich beneide ihn um seinen Rausch und um die selbstverständliche Ignoranz, mit der er alles um sich herum zu vergessen scheint.

Als am frühen Morgen mein Wecker klingelt, springe ich sofort in meine Arbeitskleidung, haste ins Bad, nutze meinen Zeigefinger als Zahnbürste und verschwinde aus dem Gebäude, bevor die Gefahr, mit anderen Menschen ins Gespräch zu kommen, zu einer unausweichlichen Pflicht wird.

Die Mischung aus Kälte, Schlafmangel, Hunger und Unsicherheit lässt meine Zähne in der frühmorgendlichen Regenlandschaft so hart und schnell aufeinanderschlagen, dass es sich anhört wie das Rattern von Maschinengewehren in übersteuerten Actionfilmen ohne Sinn und Handlung. Über eine lange Brücke gelange ich zum Einlass, zeige den Auftrag der Agentur vor, weise mich aus, werde gefilzt und bekomme einen Lageplan der verschiedenen Gebäude und Hallen und so ein laminiertes Umhänge-Zertifikat, das mich dazu befugt, mich auf dem Gelände aufzuhalten. Ich mache mich auf zur Messehalle 2, erkenne auf meinem Weg dorthin über Brücken und Stege das Convention Center wieder und denke an hartgesottene Fans der Serie *Star Trek* in sehr peinlichen Verkleidungen und mit gefährlichem Detailwissen über eine Phantasiewelt der Zukunft.

Überall wird Regenwasser mit Besen den Rinnsteinen entgegengekehrt. Zwischen strahlend weißen Pavillons, Dixi-Klos und freitragenden Holzdächern bahne ich mir Umwege zur Messehalle, in der ich kochen soll.

Das Team ist von beschaulicher Größe. Ein Küchenteamleiter für die administrativen Aufgaben; eine Art Chefkoch, der alles Kulinarische dirigiert und nachschmeckt; einige Jungköche, darunter ich; junge und ältere Damen für alles, was sonst noch so ansteht.

Wir stellen einander vor, und ich bin sehr froh, dass ich von meinen temporären Arbeitskollegen zuvor niemandem in der Jugendherberge begegnet bin.

Während wir vor dem Seiteneingang zur Küche stehen und die Chefs alles erklären, trinken wir dünnen Filterkaffee aus Pappbechern und rauchen. Eine junge Hostess namens Anna kommt aus dem Innern der Halle hinzu. Sie ist klein, wirkt flink und aufgekratzt, hat kinnlanges hellbraunes Haar, sehr dunkelbraune Augen und riecht nach Haschisch und Patchouli. Dass sie reichlich zu spät kommt, verzeihen wir ihr sofort, denn sie hat ein volles Tablett mit heißem Cappuccino in großen Tassen dabei.

Die Küche ist riesig, und die Mengen, die wir kochen werden, passen sich an die Gegebenheiten an; die Massen, die wir erwarten, seien hungrig und hätten keine Zeit, heißt es. An die Produktionsfläche grenzt die Essensausgabe mit beheizbaren Elementen zum Warmhalten der Speisen und Kühlelementen, um vorbereitete Sandwiches, Obstsalate und verschiedene herzhafte, kalte Spezialitäten wie Bulgur, Couscous oder Salate mit Schafskäse vor dem Verwelken zu bewahren.

Ich werde zum Hühnercurry-Kochen eingeteilt.

Nichts leichter als das!

Es heißt, wir bräuchten bis elf Uhr dreißig gut fünfhundert Portionen fertiggekocht.

O wei!

Jeder Posten in der Großküche hat immer nur eine Aufgabe, bereitet immer nur eine Speise von der Karte vor und zu. Den lieben langen Tag, alle sieben bevorstehenden Tage und für immer. Mit einem Servierwagen aus Edelstahl bewaffnet, steuere ich Richtung Kühlhaus und Tiefkühlkammer, um einzukaufen.

Ich lade gute achtzig Kilo vorgeschnittenes Atom-Putenbrust-Geschnetzeltes auf, einige Stiegen Kokosmilch, Sojasauce von Kikkoman, grüne Currypaste, einen Müllbeutel voller Sojasprossen, grüne Thai-Chilis, eine blaue Plastikkiste mit Thai-Basilikum und viele Bund Zitronengras. Aus dem Tiefkühlhaus entnehme ich gewürfelte Zwiebeln, bunte Paprikastreifen, Karotten und Sellerie in Würfeln; im Trockenlager bewaffne ich mich mit Salz, gekörnter Brühe, Pfeffer, Currypulver, Zucker und einigen großen Dosen geschnittene Bambussprossen in Lake.

Neben einer sehr großen Kippbratpfanne baue ich mir ein sehr großes weißes Brett auf und beginne damit, mir eine To-do-Liste zu schreiben. Der Küchenteamleiter tritt an mich heran und erklärt mir, wie es zu laufen hat: Eines der begehbaren Rational-Kochzentren auf Trockenhitze vorheizen, alles Fleisch zackig auf Gastronorm-Bleche verteilen, Salz, ordinäres Öl und Sesamöl druff, mit den behandschuhten Händen einmal beherzt umwälzen und dann ab in den Ofen damit. Kipper vorheizen, tiefgekühltes Gemüse nach und nach rein, Currypaste kurz mitrösten, mit Sojasauce ablöschen und mit Fond und Kokosmilch auffüllen. »Mit welchem Fond?«, frage ich, und bekomme als Antwort: »Der beste Fond kommt immer noch aus dem Hahn, und zwar dem Wasserhahn!« Wir lachen beide.

Ich folge der Anweisung des Vorgesetzten, bin dankbar für

seine durchaus humorvolle Unterweisung und fühle mich augenblicklich besser. Zu wissen, dass ich die nächsten Tage immer das Gleiche kochen werde, gibt mir Sicherheit und lockt mich aus der Deckung meiner eingebildeten Inkompetenz.

Als ich den Ansatz fertig habe, versenke ich die große Menge geschnittener Geflügel-Leichen im Sud, öffne sodann die Dosen mit den Bambussprossen, schneide Thai-Basilikum und rühre immer mal wieder mit einem großen Spatel in dem siedenden Curry umher.

Da es noch sehr fad schmeckt, schütte ich reichlich Currypulver hinterher und gekörnte Brühe obendrauf, entleere einige Flaschen von roter Sweet Chili Sauce for Chicken hinein, reichere die dünne Brühe mit etwas Sahne und Butter an und binde sie anschließend mit Mondamin-Fix-Speisestärke. Statt das geschnittene Thai-Basilikum in dem heißen Curry zu versenken, lagere ich es unter einem befeuchteten Zewa-Tuch in einer der Kühlmöglichkeiten, mit dem Ziel, dem Gegarten bei der Ausgabe ein wenig frische Rohkost hinzuzufügen und mit dem satten Grün des Krautes dem Gast einen Hauch der Frische thailändischer Küche zu suggerieren. Das stößt auf wohlwollendes Kopfnicken der Kochhäuptlinge, und ich empfange ein Lob.

Seit elf Uhr dreißig stehe ich nun mit den Damen und einem weiteren Koch an der Essensausgabe. Die Aufgabe ist leicht zu bewältigen und bedarf keines einzigen Funkens Menschenverstand. Durch das monotone Aufladen der verschiedenen Gerichte auf die dafür vorgesehenen Teller vergeht die Zeit zäh wie Kaugummi. Überall um den Restaurantbereich herum hängen digitale Uhren, die die Lahmarschigkeit der ins

Land streichenden Sekunden in Superzeitlupe versetzen. Die Kommunikation mit den IT-Nerds bei der Bestellannahme verhält sich in etwa so wie die Geschwindigkeit eines Brille tragenden Faultieres im Verhältnis zu einem getunten Sportwagen mit Schalensitzen.

In der Pause rauche ich und rede mit Anna. Sie führt mich ein wenig herum, und ich staune nicht schlecht, als ich sehe, dass der Hersteller Nokia ein Handy herausgebracht hat, welches noch kleiner ist als das, das sie im Vormonat auf den Markt geworfen haben. Es ist in verschiedenen Metallicfarben erhältlich und enorm zukunftsweisend, unverzichtbar und ein teures Must-have.

Feierabend ist gegen achtzehn Uhr. Ich frage den Küchenteamleiter, ob es möglich sei, vom Oberboss der Agentur einen Vorschuss zu bekommen. Der Herr Schilling käme am übernächsten Tag vorbei, dann sei das sicherlich kein Problem, wenn ich alle Unterlagen und so weiter ordnungsgemäß abgegeben hätte. Er zückt seinen Geldbeutel, leiht mir ungefragt einhundert Euro und bedankt sich für meine gute Arbeit.

Leicht wie eine fliegende untergewichtige Feder trägt mich das Echo des vorangegangenen Erfolges zusammen mit den Kollegen über die Messeanlage Richtung Ausgang und in den wohlverdienten Feierabend. Der Asphalt ist fast getrocknet, und die sinkende Sonne bricht ein letztes Mal durch die Wolken, bevor sie untergeht.

Ich lade Anna zum Essen ein. Mit einer Bahn fahren wir direkt vom Bahnhof des Messegeländes ein paar Haltestellen Richtung Innenstadt. Bei einem thailändischen Imbiss mit Sitzmöglichkeiten kehren wir ein und bestellen wie die Weltmeister. Das Curry mit Reisbandnudeln und doppeltgebackener Entenbrust schmeckt ganz hervorragend und ist höllisch scharf. Auf der Melange aus bissfestem Gemüse und krosser Ente thront ein frischer Salat aus feingehobeltem Weißkohl, Erdnüssen, hauchdünn aufgeschnittener Paprika und nachlässig gezupftem Koriandergrün; ein Limettensechstel ist angelegt. Durch die Frische der Rohkost, die Säure der Limette und die fast penetrante Seifigkeit des Korianders wird die extreme Schärfe sehr gut austariert. Es ist ein wunderbares Gericht, das sehr viel mehr so schmeckt, wie ich mir authentische thailändische Küche vorstelle, als das, was ich gekocht habe. Ich nehme mir vor, die geschmackliche Erfahrung am nächsten Tag bei der Zubereitung des Currys in der Großküche als Vorlage zu verwenden und ein neues Geschmackserlebnis zu skizzieren.

In meinem unbequemen Bett in der Plastikklitsche finde ich sofort Ruhe, der Nazi ist nicht vor Ort, ich bin müde und verschlafe am nächsten Morgen.

Als ich mich zaghaft und voller Reue durch die Küchentür zwinge, werde ich überraschenderweise warm empfangen. Die Putenstreifen sind bereits im Ofen, ich habe Glück, dass das Curry noch nicht angesetzt ist, und mache mich sofort und voller Tatendrang ans Werk.

Die Tage verschwimmen, die Arbeit macht Spaß, und die Kollegen sind nett. Wir werden für die kurze Zeit, in der wir zusammenarbeiten, eine richtige Mannschaft. Einen Vorschuss von Herrn Schilling bekomme ich ebenfalls und zahle meine Schulden beim Küchenteamleiter zurück.

Am letzten Tag packe ich vor Arbeitsbeginn meine paar Sachen zusammen, denn die Agentur kommt für eine weitere Nacht nicht auf, weil am nächsten Tag ja keine Arbeit ansteht. Ich dusche ein letztes Mal in der Sammeldusche mit irgendeinem liegengebliebenen Duschzeug und putze mir genüsslich mit meiner neuen Zahnbürste die Zähne, bis das Zahnfleisch blutet.

Nach Feierabend gehe ich mit den Kollegen in einen Irish Pub, um das Ende unserer gemeinsamen und erfolgreichen Zeit gleichwohl zu bedauern als auch zu feiern.

Eine Frau mit sehr rotem Haar zapft schwarzes Bier vom Fass in fast goldene Gläser, und wir prosten einander zu.

In einer dunklen Ecke vor den Toiletten, bei einer alten, dunkelrot illuminierten Jukebox, legt Anna sich unbemerkt eine Pille auf die Zunge und küsst mich zärtlich. Ihre Lippen öffnen sich zaghaft, und ihre Zunge tastet sich nach vorne, trifft auf meine und umgarnt sie mit kreisenden Bewegungen. Wie in einem sachten Strudel kullert die Droge im Rund unserer Zungen im Kreis und löst ihre glücksbringende Substanz an den Oberflächen unserer Münder auf.

Wir werfen ein paar Münzen in die Jukebox, und wir alle singen:

And this is not the time to wonder
And this is not the time to cry
And this is not the time to sleep while we fight
And this is not the time to die

Später in der Nacht verabschiede ich mich vom Küchenteamleiter, und er geht los und holt noch ein letztes Bier, dann sagt er: »Mein Lieblingstier, das ist der Zapfhahn«, und wir beide lachen.

Ich bleibe ein paar Tage bei Anna in ihrer Wohngemeinschaft im Hannoveraner Stadtteil Vahrenwald-List. Sehr zu meinem

Gefallen sind die anderen Mitbewohner gerade über die Semesterferien verreist oder zumindest nicht anwesend.

Wir schlafen viel und aus, frühstücken im Bett, rauchen Joints, gucken DVDs und schlafen wieder ein. Und wenn man ständig aufwacht vor der nächsten Mahlzeit, wird auch das Abendessen zum Frühstück. Die Stunden, die sich aneinanderreihen wie Serienfolgen ohne Anfang und Ende, ohne Sendezeiten und ohne Werbeunterbrechung, verschwimmen ineinander wie Farben. Nie habe ich mich der Materie Zeit näher gefühlt als in diesen wenigen, aber unzähligen Tagen. Anna und ich sind gleichermaßen Vergangenheit und Gegenwart, sind ineinander verschmolzen und umgeben uns mit dem Äußeren des andern. Als wir gerade dabei sind, wie in Zeitlupe unsere Glieder Richtung Zukunft zu recken, holt uns der unsterbliche Alltag ein erstes Mal ein: Der Küchenteamleiter ruft. Und zwar nach Hamburg, in die AOL Arena, zu einem Heimspiel des HSV.

In einem schwarzen Mercedes Vito sitzen wir am frühen Samstagvormittag auf der Fahrt in die Hansestadt hinter getönten Scheiben zusammen und trinken Kaffee und Energydrinks. Der Küchenteamleiter steuert das Auto zügig über die Straßen im Morgentau, der Mercedes ist hart gefedert und wirkt wie übertrieben tiefergelegt.

Bis auf zwei Jungs, die ich nicht kenne, hat der Chef fast das gesamte Team von der Cebit rekrutiert, und ich fühle mich so, als sei ich ein Kriegsveteran in einem Oliver-Stone-Kinohit, dessen Genre man im Feuilleton als Actiondrama bezeichnen würde.

Die Küche in der AOL Arena ist die größte, die ich je gesehen habe. Viele Teams von verschiedenen Agenturen kochen die unterschiedlichsten Gerichte. Es gilt, die zahlreichen Essensausgaben im Stadion mit vorbereiteten Waren zu bestücken, den individuellen Wünschen der verschiedenen Logen nachzukommen und ein großes Buffet mit kalten und warmen Speisen für den VIP-Bereich herzurichten. Die Vorbereitungsphase ist hektisch und orientierungslos, jeder macht alles und gleichzeitig. Waren werden in großen Gebinden auf fahrbaren Kühlschränken und Hot-Cars über Rampen in riesige Aufzüge gerollt; Leiterwagen mit vorbereiteten Komponenten fahren zur Regeneration in bodentiefe Öfen. Kurz vor Einlass werde ich für eine Live-Cooking-Station im VIP-Bereich eingeteilt.

Auf einer Grillplatte gare ich Thunfisch à la plancha, bepinsele ihn mit Sojasauce und serviere ihn dann mit einem rohen asiatischen Gemüse und Koriander.

Unter den zahlreichen Prominenten erkenne ich neben Dieter Bohlen nur den Hansdampf in allen Gassen der kulinarischen Fernsehlandschaft, Tim Mälzer.

Ich reiche ihm einen Thunfisch, und er sagt: »Coole Mütze!«

Nach dem Spiel weichen in der großen Küche die transportablen und fahrbaren Kochstationen einem Fuhrpark von Mülleimern und Containern in verschiedenen Farben.

Mit den oft noch originalverpackten Lebensmitteln, die wir, ohne zu zögern, binnen Sekunden entsorgen, hätte man eine Kleinstadt sehr gut verköstigen können.

Mit knurrendem Magen sitze ich auf der Rückfahrt nach Hannover reichlich unmotiviert auf einem der hinteren Sitze und trinke ein paar der Biere, die ich in meiner Barbour-Jacke aus dem Stadion schmuggeln konnte.

Als wir in Annas Wohnung ankommen, droht sie aus allen vier Wänden zu platzen: Die Mitbewohner sind zurückgekehrt und feiern eine Party; die Semesterferien neigen sich dem Ende zu. Als Anna und ich uns samt mitgebrachtem Fastfood von Burger King in ihr Zimmer zurückziehen, um in Ruhe wieder in die vergängliche Zeitschleife der Unendlichkeit zu gleiten, liegt ihr Exfreund in ihrem Bett und schläft.

An einem der schier endlos wirkenden freien Tage, an denen ich auf neue Arbeitsaufträge der Agentur warte, sitze ich wie so oft verloren in einer Art Szenerestaurant namens HeimW. Am Nebentisch sitzt ein großgewachsener Mann mit blonden Locken, wie Robert Plant sie trug und trägt. Wir kommen ins Gespräch. Er erzählt mir davon, dass er plane, die hohen, verklinkerten Schornsteine der unzähligen Fabriken in Niedersachsen mit überdimensionalen Kondomen in Neonfarben zu bekleiden. Um in der trostlosen Landschaft ein paar farbliche Akzente zu setzen, um auf die Natürlichkeit von Sexualität und die Selbstverständlichkeit der Verantwortung durch Verhütung hinzuweisen.

In seinem Atelier in einem Loft in Hildesheim komme ich einige Tage unter. Er zeigt mir seine Kunst und berichtet vom Kamasutra. Er schwebe beim Ficken, behauptet er.

Ich verlasse Hannover ohne Gepäck per Anhalter in Richtung Heimat.

18 Ich möchte raus. Raus aus dem Nest, aus der Verschlafenheit und der in der Jugend empfundenen Rückständigkeit der Kleinstadt. Ich möchte saufen und feiern gehen, wenngleich es eigentlich überhaupt keinen Grund zum Feiern gibt.

»Some dance to remember, some dance to forget«, heißt es bei den Eagles in »Hotel California«.

Tanzen möchte ich. Tanzen über den schmutzigen Leichnamen all derer, von denen ich mir einbilde, dass sie mir das Leben schwermachen. Ich möchte raus aus der Abhängigkeit vom Fahrplan der Rhein-Ahr-Verkehrsbetriebe, möchte frei sein, wie der Aar, so frei.

Möchte vögeln dürfen, laut und rücksichtslos und bei offenem Fenster, am besten sogar im Freien,ohne dass es Arbeitgeber und Vermieter mitbekommen und sich daran stören. Ich möchte, dass das Volk die Erinnerung an meine Visage löscht. Möchte Jugendkultur und Feierbiestigkeit, Niedergang und Entartung und Verfall. Möchte dekadent Schindluder und Raubbau an meinen eigenen Ressourcen betreiben, ohne dass es jemand merkt.

Bin einsam und nie allein, kann nicht allein sein und suche Pflichten. Handle verantwortungslos voller Gewissheit, bin verbissen und gebe nach. Auf der Suche nach Sinn verliere ich mich in Bedeutungslosigkeit, höre immer dieselbe Musik und giere nach neuer.

Berlin ist die weite Welt der Anonymität, die ich auserkoren habe. Die Stadt ruft, und das Technoclub-Echo hallt meinen Namen in die Provinz und schwingt Swingerclub-Vibes die Republik hinunter. Berlin und ich, wir wollen wach bleiben, bis die Wolken wieder lila sind.

Jobcenter, Suchauftrag, Treffer.

3er BMW, unangenehmer Kerl, gelecktes Haar. A1 Autobahn Richtung Ruhrpott.

Probearbeiten im Alex in Bochum, »Frühstück, mittags, abends, immer«.

Sektenartiges Zusammenhalten und einander Zusprechen, Corporate-Design-Tätowierungen als Indiz für höchste Identifikation mit der eigenen Wirkungsstätte.

Die Probeschicht bestehe ich mit Bravour und bekomme eine Festanstellung im Alex am Alex in der Hauptstadt in Aussicht gestellt.

Error.

3er BMW, unangenehmer Kerl, gelecktes Haar. A3 Autobahn Richtung Nürnberg. Festanstellung im Alex am Hauptmarkt in Nürnberg.

Küchenteamleiter, Manager-Karte. Durchziehen.

Nürnberg.

Angekommen und durchmarschiert, eingeschüchtert Hände schütteln, Vorstellungsrunde, Rundgang, die Substanz in Augenschein nehmen.

Im Keller hüpft die auf den ersten Blick ein wenig pummelig wirkende Betriebsleiterin Mandy auf dem Altpapier herum, das sich in der systemgastromonischen Einrichtung anhäuft, faltet es zusammen und staucht es ein.

Sie hat ein breites, schönes Lächeln. Blaue Augen und braunes Haar.

Sie unterbricht ihr Auf und Ab zur Begrüßung. Mit einiger Verzögerung wiegen sich schließlich auch ihre mächtigen Brüste wie Jonglierbälle in Zeitlupe in ihre angestammte Position. Stolz verstecken sie sich perfekt gebräunt im V-Ausschnitt eines dünnen weißen Strickpullovers.

Mandy schließt mich zur Begrüßung in die Arme, presst mich an ihre Brust, und ich ersticke fast in der Wolke ihres unangenehm süßen Parfums.

Sie ist von nun an meine einzige Vorgesetzte, und zusammen sollen wir zwei das neue »Manager«-Teamgespann des Nürnberger Alex am Hauptmarkt sein.

Frischer Wind, Aufbruchsstimmung und so, sie rockt den Service, ich schmeiß die Küche.

Persokosten senken, Bonus erhalten.

Wareneinsatz reduzieren, Bonus erhalten.

Umsatz steigern, Bonus erhalten.

Ein, zwei Drinks zum Einstand mit dem Team. Cocktails, die ersten meines Lebens, erst Long Island Ice Tea (haut ganz schön rein) und dann einen Touchdown (schrecklicher Name für ein Getränk), irgendwas mit Maracujanektar und Wodka und Pitú und Limettensaft. Die Getränke schmecken wirklich gut, und ich ziehe in Erwägung, meine manifestierte Meinung über den schlimmen Alkohol und all seine debilen User ein Stück weit zu revidieren. Die beiden Jungs hinter dem Tresen fuchteln unaufgeregt herum, lassen Flaschen und Boston-Shaker durch die Luft wirbeln, heben die Schwerkraft aus den Angeln und setzen Komponenten durch präzise Bewegungen neu zusammen, als seien sie stets eins gewesen. Sie nutzen die Transparenz gefrorenen Wassers in Kugelform wie eine Art Kleister und erzeugen eine eingeschmolzene Homogenität im Glas kurz vor dem Gefrierpunkt.

Bis ich eine eigene Bleibe gefunden habe, übernachte ich auf Kosten meines neuen Arbeitgebers für die ersten Wochen in einem Dreisternehotel an der Rückseite des Hauptbahnhofs.

Der Schuppen ist nichts Besonderes, nichts zum Prahlen. Ein kleines Bett in einem kleinen Zimmer, grauer und eingesauter Teppichboden, ein Kleiderschrank und ein Schreibtisch aus Buchenholzimitat.

Ich nehme mir vor, an dem Schreibtisch so richtig zu arbeiten, Listen zu führen, Ordner zu verwalten, Notizen über Mitarbeiter anzulegen, ein richtiger »Küchenteamleiter« zu werden. Mit Verantwortung und Pünktlichkeit und nüchtern und so.

Ich nehme mir vor, einen super Job zu machen, meine Zahlen zu kennen, innerhalb der Alex-Hierarchie binnen Kurzem aufzusteigen, den Führerschein zu machen und als District Manager mit geleckten Haaren von Location zu Location zu fahren und alles und jeden – streng, aber mit Herz – zu kontrollieren und zu maßregeln.

Ich stelle mir vor, wie mein Gehalt steigt und meine Zuschläge, wie ich in der »payroll« sozusagen nach oben kullere, alles wie geschmiert läuft und ich Geld verdiene, als sei ich auf Öl gestoßen.

Meine erste eigene Wohnung in einer großen Stadt ist also ein Hotel.

Keine Panik auf der Titanic, Kapitän Strohe wird das Schiff schon schaukeln.

Erster Tag, Frühschicht. Verpennt.

Ich unterschätze den Fußweg vom Hotel zur Arbeit und überschätze mein geographisches Gedächtnis.

Ich verlaufe mich im Bahnhof und beobachte, wie die Menschen in aller Herrgottsfrühe an den Bahnsteigen Tucher »Da steckt viel Liebe drin« Rotbier trinken, und nehme diese Entdeckung zum Anlass, mich anzuschließen und mich meiner neuen Umgebung chamäleonartig anzupassen.

Proschd!

Die Stufen vom Hauptmarkt empor zum Alex nehme ich mit Schwung, setze meine weiße Oakley-Sonnenbrille verkehrt herum auf, also Gläser in den Nacken, betrete das noch leere Lokal und stehle mich am bereits mit dem Frühstücksbuffet bestückten Tresen vorbei durch die Flügeltür mit Bullaugen hinein in die riesige Küche.

Während ich sichtbar gekünstelt leicht über die Schwelle husche und die Last meines Gewissens mit Verzögerung hinter mir herhieve, denke ich mir: »Chefs kommen immer zu spät«, und: »Ich will gar kein Chef sein und kann es auch nicht«, und nehme mir vor, mich zu entschuldigen bei den tschechischen Frühstücksdamen, deren Namen ich zu allem Überfluss allesamt vergessen habe.

Ich erschrecke und fühle mich ertappt, als ich feststelle, dass ich mich einem herzlichen Empfang stellen muss:

Tschechische Folklore, Filterkaffee aus Thermoskannen, belegte Brötchen, selbstgebackener Kuchen und Schnaps aus den Brennereien der Familienältesten.

Na zdraví!

Das Frühstücksbuffet ist bereits aufgebaut und bestückt.

Räucherlachs und Forelle mit Sahnemeerrettich und Honig-Dill-Senf-Sauce.

Roastbeef mit Remouladensauce. Formschinken und Analogkäse.

Weißmehlbackprodukte.

Salate mit Dosenmais und Kidneybohnen.

Rührei Schinken. Rührei Kräuter. Bacon, Nürnberger Würstchen.

Nutella, Marmelade, Honig.

Kaffeespender, heißes Wasser für Tee, Teebeutel.

Von Montag bis Freitag gibt es Frühstücksbuffet, am Wochenende und an Feiertagen Brunch, Kinder fressen, bis sie platzen, sogar für umsonst.

»Darf es ein Gläschen Sekt sein, haben Sie Grund zu feiern, seien Sie nicht so streng zu sich selbst, gönnen Sie sich mal etwas und genießen Sie den Tag, ein Glas Sekt der Hausmarke für einen Euro.«

Die Happy Hour gilt den ganzen Tag. 24/7 all you can eat für immer.

Ciabatta, Baguettes, Burger, Burritos, Wraps.

Pasta, Lasagne, Cannelloni.

Salat Huhn, Salat Feta, Chefsalat.

Stadtbekannt ist das Nürnberger Alex für seine sogenannte Schnitzelwelt.

Schnitzelwelt?

Schnitzelwelt.

Und so darf man sich das vorstellen:

Kinder rutschen in dieser Welt umsonst und Erwachsene zur Hälfte des regulären Preises, der in Wahrheit natürlich nie und zu keinem Zeitpunkt existiert hat, auf einer einem

Schnitzel nachempfundenen, in sich gewundenen Rutsche hinab. Ranziges und geschmolzenes Fett von einer Million gebratener Tiefkühlschnitzel ölt die Teflonschicht der Tunnelrutsche. Paniert mit unzähligen Schnitzelkalorien aus längst vergangenen Tagen saust man in Lichtgeschwindigkeit sehr gut gelaunt und tierisch ausgelassen hinab. Das Ende der wilden Fahrt im Schnitzelbad der Gefühle. Man ist, was man isst.

Wochenkarte, Lunchspecial, Snackkarte, Abendkarte.

»Frühstück, mittags, abends, immer.«

Und nachts? Cocktails und Koks im Alex.

Frühstück:

Team gecheckt und für gut und unverzichtbar befunden.

Die Ladys aus Tschechien haben Schlüsselgewalt, starten ihre Schicht unbezahlt eine Stunde vor Schichtbeginn, verarbeiten Reste der Vortage zu Salaten und beherrschen sowohl Buffet- als auch Brunch-Geschäft mit verbundenen Augen.

Einziger Kritikpunkt meinerseits ist, dass sie einen Anspruch auf freie Tage haben.

Mittags:

Wie Frühstück.

Abends:

Zwei Köche, am Wochenende eine Küchenhilfe und ein Spüler extra, bestreiten hier ihre Schicht.

Zu Stoßzeiten ist die Küche überlastet, die Speisekarte ist einfach viel zu umfangreich.

Eigentlich ist ein gelernter Koch hier überflüssig.

Schere ist das neue Messer, schon lange vor dem Sous-Vide-Trend.

Das Absurde ist, man kann nichts selbst produzieren, man muss vorproduzierte Ware kaufen von den dafür vorgesehenen Zulieferern. Pesto selbst machen, no way.

Hausgemacht: Fremdwort.

Immer:

Die Frühschicht beginnt offiziell um sieben Uhr dreißig, ab elf Uhr kommt ein Spüler hinzu und ab vierzehn Uhr ein weiterer Koch, der für die Abendstunden vorbereitet. Schichtwechsel zwischen Früh- und Spätschicht ist um sechzehn Uhr, ein zweiter Koch kommt um achtzehn Uhr und arbeitet mit dem Spüler zusammen bis zum Schluss.

Wenn man alles kocht, was es auf der Welt gibt, kocht man nichts richtig.

Eine Reduzierung des Wareneinsatzes ist nur bedingt möglich, weil ich nicht günstiger einkaufen kann, als es die Liste erlaubt. Weil mir schöpferisch die Hände gebunden sind, kann ich nicht auf Angebote im Großhandel reagieren.

Ich sehe also schon mal meinen ersten Bonus in weite Ferne rücken.

Einmal mache ich Pesto selbst, weil der Gemüsehändler auf dem Hauptmarkt Basilikum loswerden möchte. Es schmeckt besser, ist günstiger als das fertig gekaufte, produziert weniger Müll und ist auch einfach verdammt noch mal hausgemacht. Das Experiment stößt auf Unverständnis und Widerwillen. Die paar Kröten von der Auslage bekomme ich nach Vorlage des Kassenbons bei Mandy nicht wieder.

Nur durch effizientes Einkaufen und die Verwertung aller Überbleibsel und Verschnitte der Produkte kann ich den Wareneinsatz hier ändern. Immer knapp am Mindesthaltbarkeitsdatum vorbei kaufen, Abgelaufenes aus den Original-Verpackungen nehmen und neu etikettieren (MHD ist was für Korinthenkacker und Obrigkeitsgläubige, außerdem halten sich die meisten Lebensmittel weitaus länger, als es die Verpackung ankündigt). Wegwerfen, neu kaufen oder ersetzen sind gleichbedeutend mit ausbleibender Bonuszahlung. Zum Ende des Monats werde ich nichts einkaufen und auf Lieferengpässe der insuffizienten Lieferanten verweisen.

Die Reduzierung der Personalkosten stellt sich wesentlich einfacher dar.

Ich schmeiße einfach alle raus und mache alles selbst.

Na gut, die Frühstücksdamen behalte ich natürlich, den Küchenhelfer auch. Den Spüler und Hausmeister mache ich zu einem Posten und ersetze die ehemaligen Arbeitnehmer durch meinen Freund und Weggefährten X-Rapid.

Die beiden Köche entlasse ich und stelle studentische Aushilfen ein.

Ich heiße mich selbst herzlich willkommen in der Welt der Boni-Empfänger.

X-Rapid folgt meinem Ruf und kommt mit seinem mintgrünen Opel Calibra direkt aus Sinzig nach Nürnberg gefahren. Manuel (so heißt er mit bürgerlichem Namen) hat lange Zeit bei der großen erzdeutschen Firma Rasselstein in Andernach in der Betriebsspionage-Abteilung gearbeitet und »gutes Geld« verdient. Während dieser Zeit hatte er einen recht spektakulären Autounfall, bei dem er jedoch wie durch ein Wunder unversehrt aus dem Wrack seines Dienstwagen-Chryslers stieg.

Seit dem Unfall glaubt er an Gott, hat sich taufen lassen, ernährt sich rein vegetarisch und manchmal auch vegan, spricht häufig in Versen aus der Elberfelder Bibelversion und empfängt hier und da mal ein paar Messages von Engeln oder dem Schöpfer himself. Jedenfalls hat Gott höchstpersönlich X-Rapid irgendwann mitgeteilt, dass jetzt Schluss sei mit der Abstinenz und all dem Quatsch, und ihm kraft seines unanfechtbaren Amtes von seinem Thron im Himmel aus einen Freifahrtschein für alles und die nächsten Jahre ausgestellt.

Halleluja!

Dank Gott ist Manuel nun also mit mir in Nürnberg, und wir teilen uns mein Hotelzimmer. Und weil Manuel Geld für den Teufel hält, möchte er auch keines verdienen. Kost und Logis frei ist der Deal, so wie schon Jesus das vor ihm gehandhabt hat. Ab und an eine Predigt, zwischendurch ein Näschen.

In die Mitte der amerikanischen »Stars & Stripes«-Flagge hat X-Rapid ein Loch gebrannt und die Flagge über den Auspuff seines Autos gezogen. Wegen Öl und Hass auf die USA und als Symbol gegen die Kriege.

So zieht er also in seinem Auto die im Wind flatternde Flagge stets hinter sich her und Aufmerksamkeit auf sich, sorgt für allerhand Reaktionen aus den ungläubig dreinschauenden Augen bei der älteren Nürnberger Nazi-Bevölkerung.

Und ich? Ich finde das megacool und bin stolz, dass Manu X-Rapid mein Freund ist. Fuck USA!

Als ich ihm seine Spülstraßen zeige, verbrennen wir als Erstes, als erste Amtshandlung sozusagen, diese kleinen Zahnstocher vom Buffet mit den Länderfahnen dran. Also, die mit Amerika drauf.

Neben dem Zulauftisch zur Spülmaschine ist eine kleine

Durchreiche direkt zur Cocktailbar. Der Bar-Chef Robert und seine Vertretung Adrian sind nicht nur verdammt coole und gutaussehende Typen mit Emporio-Armani-Uhren, Dolce-&-Gabbana-Muskelshirts nach Beckham'schem Vorbild und Bootcut-Used-Look-Jeans von CK, sie sind auch beste Freunde. Sie sind so herausragende Vertreter ihrer Zunft, dass sie sogar zur Nürnberger Bar- und Clubkultur-Prominenz zählen, und als wäre das alles noch nicht Grund genug zum Abheben, dealen sie auch noch mit Koks. Und zwar nur mit Koks.

In den kommenden Wochen wird die Durchreiche zu einer Art Transferfenster, Touchdowns und Nasen im Austausch gegen Frittiertes und meine Managerkarte. Als Küchenteamleiter habe ich eine sogenannte Managerkarte, das ist so was wie eine plastikgewordene Berechtigung, alles zu jeder Zeit und ohne Limit im Alex verzehren zu können, Gäste einzuladen, einen auszugeben und so weiter.

Der Alkohol und das wunderbare Kokain lassen X-Rapid und mich zu einer rotierenden Scheibe zusammenmorphen. Wir arbeiten unentwegt, räumen alles auf und weg, optimieren, was es zu optimieren gilt, tragen Sonnenbrillen im Schein der Neonlichter in Küche und Keller, hören Exploited und Grönemeyer, Christina und Britney.

Den Warenbestand im Kühlhaus reduzieren wir auf ein nie dagewesenes Minimum, bauen uns auf Bierkisten eine Art Büro hinein und führen die Mitarbeitergespräche fortan im Schutze der dröhnenden Kühlaggregate.

Hier muss ich noch mal kurz anmerken, dass weder Manuel noch ich je zuvor wirklich gutes Koks in großen Mengen dauerhaft zur Verfügung hatten und wir es tatsächlich als eine Art Ersterfahrung wahrnehmen. Eine, die mehrere Wochen andauert. Und es ist eine wunderbare Zeit.

Im Abendservice bereiten wir, wenn wir mal einen ruhigen Abend haben, das Buffet für den nächsten Tag vor.

Rapid schneidet Analogkäse und Formschinken in Scheiben, ich lege die Platten und nutze umgedrehte und mit Aluminiumfolie ummantelte kleine Schüsseln als Erhöhungen auf den ovalen Holzplatten. Klassische Garnituren wie Gurkenreiter, Tomatenecken, Orangenscheiben und ein Arschvoll krauser Petersilie dürfen auf gar keinen Fall fehlen.

Immer mal wieder, und so ist das, wenn wenig zu tun ist, sind Motivation und Dynamik, ist der Flow nicht mehr da. Und wenn man dann noch weniger Bock hat als in dem Moment just zuvor, plätschert ein Bon in die Küche. Die Bon-Maschine spuckt ihn über den Pass auf den gefliesten Boden. Ich sitze auf der Wendeltreppe, die hinunter zum Keller führt, und rauche, lege meine Zigarette auf die mit Gumminoppen ausgelegte Treppenstufe, empfange den gedruckten Befehl schwarz auf weiß, bespritze eine längs aufgeschnittene Ciabatta-Brothälfte mit Remouladensauce und belege sie mit Thunfisch, streue geriebenen Emmentaler über das Sandwich und platziere es auf dem motorisierten Rost des Impinger-Grills.

Ich lege eine Garnitur auf einen Teller, und während das Ciabatta unter den glühenden und gleißenden Stäben im Grillinneren verschwindet, brennt meine Zigarette sich in das Gummi der Treppenstufen und hinterlässt ein bronzefarbenes Branding in den weißen Plastikbeschlägen.

Beim Öffnen einer weiteren Dose Thunfisch schneide ich mich an den scharfen Konturen des ungleichmäßig voneinander getrennten Metalls. Ein Tropfen meines Blutes legt sich auf die Oberfläche des Olivenöls, in dem der Fisch ein letztes Mal schwimmt, und wirft dreidimensional wirkende Fäden wie Anker hinunter in die Tiefe der Dose.

Der Duft des geschmolzenen Käses und die Einfachheit des Sandwiches im Verhältnis zur »Schmackofatzigkeit« (verabscheungswürdiges Wort) lassen mich den Impinger-Grill wirklich bewundern, und ich denke mir: »So ein Teil, das wünsche ich mir auch für zu Hause.«

Zu Hause, da war ja was.

Nach Feierabend, die anderen verschwinden noch in der Bar Mausloch, steuern wir in Richtung Hotel. Mit Rostbratwurstbrötchen auf der Faust und Bier in der Hand freuen wir uns auf unser Bett und den Schlafsack, den wir abwechselnd bewohnen.

An der Rezeption werden wir unfreundlich und entnervt darauf hingewiesen, dass die Kosten für unseren Aufenthalt nun nicht länger von der M & B Gesellschaft getragen werden und wir, sollten wir gedenken, noch länger verweilen zu wollen, in ein Doppelzimmer oder zwei Einzelzimmer umzuziehen hätten. Die Großzügigkeit der Duldung einer zweiten Person auf einem Einzelzimmer sei nun erschöpft und ausgenutzt und ausgereizt. Letzter Abend, morgen Auszug oder Umzug mit Vorkasse.

»Gute Nacht und einen schönen Aufenthalt!«

Durch vorsorgliches gelegentliches Rumknutschen und Fummeln mit der Betriebsleiterin in Zuständen aufgestauter Geilheit prostituiere ich uns sozusagen in eine neue provisorische Übernachtungssituation.

X-Rapid und ich okkupieren Mandys Wasserbett, sie schläft auf der Couch im Wohnzimmer.

Im Zimmer nebenan vögeln sich der Bar-Chef Robert und Mandys Vertretung und Mitbewohnerin Michaela gegenseitig das Hirn raus und den Körper wund.

Das passiert halt, wenn man die Arbeit mit nach Hause nimmt, Orgasmen-Discount, all you can fuck.

Mandy ist ein bisschen rollig, und eigentlich finde ich sie auch heiß. Die Geilheit aus ihren treudoofen Augen widerspricht auf anziehende Weise ihrer beruflichen Stellung und ihrem Business-Knowhow. Übers Ficken weiß sie ganz bestimmt genauso viel wie über die Kunst buchhalterischer Vorgänge. Und weil ich sie mir in meiner Notgeilheit so in diese Sexgöttinnen-Riege hineindenke, entwickle ich große Angst vor einer tatsächlichen sexuellen Konfrontation, einer Gegenüberstellung wie bei einem Duell im Wilden Westen.

Einmal lecke ich sie auf ihrem Wasserbett unter ihrem hochgeschobenen Rock.

Sie schmeckt nach Marlboro Lights und Süßholzwurzel. Als sie kommt, piepst sie wie ein Mäuschen und verfällt in fränkischen Dialekt.

Eine Zunge für ein Dach über dem gewasserbetteten Kopf.

Das System Alex unterliegt strengen Reglements. In unregelmäßigen Abständen kommen anonyme Tester, verzehren die Speisen und nehmen Gastraum und Toiletten in Augenschein. Auffälligkeiten und Kritikpunkte werden in einem Mängellisten-Katalog zusammengetragen und gehen dann als Bericht an die District Manager.

Die District Manager besuchen dann, falls nötig, den kritisierten Standort und führen eine genaue Prüfung durch.

Und bei einer solchen Prüfung stellt sich heraus, dass in unseren Kassen und Büchern eine nicht unerhebliche Menge Geld zu fehlen scheint.

Zum einen setzt sich die Differenz zusammen aus unzähligen im Nachhinein wieder stornierten Buchungen meiner Manager-Karte. Zum anderen aber, so wird behauptet, durch nicht bonierte Speisen und vor allem auch, zum größten Teil, aus nicht in Rechnung gestellten Cocktails und Longdrinks.

In kurzer Zeit wird ein komplettes Team aus anderen Alex-Niederlassungen rekrutiert und als eine Art Special Force in unsere Filiale am Hauptmarkt entsandt.

Die Bar-Crew und die Betriebs- und Serviceleitung werden mit sofortiger Wirkung entlassen.

Und ich, ich werde, weil ich so gute Zahlen schreibe, nach Fürth versetzt.

Mandy wirft uns raus, und Manu X-Rapid zieht von dannen, eine neue, frisch zerstörte Flagge über den Auspuff gebrannt. Ein neues Tattoo der römischen Ziffer zwölf ziert seinen Unterarm, Rock im Park ruft.

Da ich mir mein nächstes Gehalt schon immer zur Mitte des Vormonats als Vorschuss ausbezahlen lasse, habe ich weder Geld für die Mietkosten einer Wohnung, geschweige denn für eine Kaution.

Ich hasse mich dafür, mich erneut in eine solche Situation manövriert zu haben. Eine Spirale aus Verantwortungslosigkeit und Überforderung, die hie und da einer kurzen Phase des Aufbäumens und der Überschätzung weicht, bevor eine Art Ohnmacht das Auf und Ab durch schiere Handlungsunfähigkeit beendet.

Ich nehme mir vor, mich zu bessern, und verfluche mich in weiser Voraussicht direkt ein weiteres Mal dafür, bei diesem Vorhaben erneut scheitern zu werden.

Ein kleiner Park in Fürth wird mein neues Zuhause für die nächsten Wochen, als Sommerfrische sozusagen. Ein kleines Loch in der Hecke neben einer öffentlichen Toilette bietet mir Schutz und Unterschlupf. Mein weniges Hab und Gut transportiere ich in einem alten Bundeswehrrucksack, Hygieneartikel und was sonst noch so nicht hineinpasst, deponiere ich in meinem Spind in der Umkleidekabine der Arbeit. Manchmal, meistens wenn es regnet, verstecke ich mich auf der Personaltoilette und lasse mich im Betrieb einschließen.

Der Betriebsleiter im Fürther Alex ist ein stattlicher Italiener, der auf den Namen Toni Frattati hört. In der Zeit, bevor er seine Arbeit in die Dienste des Systemgastronomie-Riesen gestellt hat, hat er deutsche Prepaid-Handys dekodiert und sie containerweise nach Großbritannien verschickt. Die Millionen, die er mit dieser illegalen Geschäftsidee gescheffelt hat, vergaß er versehentlich zu versteuern.

Damit er nicht ins Gefängnis musste und die Familie ihn nicht wegen unehrenhaften Verhaltens verbannte, gab er all sein Geld dem Staat, gestand seine Verbrechen, meldete Privatinsolvenz an und blieb auf freiem Fuß.

Toni hat zwei große Fans.

Zwei sehr junge deutsche Zwillingsschwestern und Millionen-Erbinnen, Ronja und Rike Mohr. Die beiden sitzen tagein, tagaus auf den Hockern vor dem Tresen, trinken Unmengen Ananassaft-Schorle und rauchen Marlboro Lights Kette. Ihr Großvater oder vielleicht sogar ihr Urgroßvater hat in längst vergangener Zeit einmal das Patent am Bauwagen erworben.

Das bedeutet, dass ihre Familie für alles, was auf der Welt nach diesen Prinzipien gefertigt wird, Geld kassiert.

Sie wohnen etwas abseits in einem kleinen Dörfchen auf dem Familienanwesen und dem Hauptsitz ihrer Firma für Modulbau.

Ab und an verladen sie mich in das Auto ihres Fahrers, nehmen mich mit nach Hause und verstecken mich in ihrem Tennis-Haus.

Das Fürther Alex ist wesentlich kleiner als das in Nürnberg, die Speisekarten sind die gleichen, die Lieferanten natürlich auch.

Da ich keinen Kontakt mehr habe zu den unversiegbaren Quellen des heiligen Nürnberger Kokainbrunnens, besinne ich mich zurück auf die Basis allen Leids: Speed.

Speed gibt es wie Sand am Meer oder Ameisen in meiner neuen Bleibe. Da es in Fürth so gut wie überhaupt gar nie etwas zu kiffen gibt, beginne ich mit mäßigem Erfolg das Experiment, Ecstasy zum Runterkommen einzuwerfen.

Um die erhoffte, aber ausbleibende Sedierung zu fördern, schütte ich nach Dienstschluss oft flaschenweise Bacardi in mich rein, direkt und ohne Umwege vom Flaschenhals in den Schlund. Von Hals zu Hals sozusagen. Wie Mund-zu-Mund-Beatmung.

In Ermangelung einer Waschmaschine mache ich die ungute Erfahrung, wie es ist, wenn man sich die Füße in vom Schweiß verhärteten Socken wundläuft, ein ziehender Schmerz, der fußaufwärts bis in die Kehle strömt und einen fiesen Geschmack von Rost in der Rachengegend erzeugt.

Die wenigen Stunden der Erholung für meine Füße zwischen den Doppelschichten an der frischen Luft des Fürther Parks reichen nicht aus für Wundheilung und Abschwellen.

Und dann, in der Früh, Morgenröte und Taufrische, ab zurück in die steif getrockneten, krustenartigen Socken. Ich denke an Lieutenant Dan in *Forrest Gump* und seinen Appell an die Soldaten, zuallererst und in Gottes Namen auf die Sauberkeit der Socken zu achten.

Ein Schluck Bacardi noch und ein Näschen für den Weg.

Die Zwillinge besorgen mir eine Unterkunft in der Maximilianstraße, zahlen die Kaution und eine Miete im Voraus.

In der Duschkabine auf dem Flur sitze ich wippend im ständig die Temperatur wechselnden Wasserunterdruck aus der Brause und schäme mich.

Ich pflastere meine Wunden für den Weg zur Arbeit.

Nach Feierabend sitzen wir zusammen, der Barmann singt Xavier Naidoo. »Eigentlich könnten wir uns freuen, denn eigentlich geht es uns gut.«

Er berichtet, er müsse in die USA, zurück ins Vaterland und dann in den Irak, hinter seinen Landsleuten aufräumen und Verwundete und Missbrauchte verarzten.

Seinen neugeborenen Sohn und seine Frau lässt er zurück.

Seine Stimme bebt, und seine Hände zittern. In seinen Augen sammeln sich Tränen.

Ich gehe barfuß heim in die Maximilianstraße.

Auf meinem Zimmer sehe ich auf MTV den Kuss zwischen Britney, Madonna und Christina, und um das zu konterkarieren, schaue ich anschließend auf DVD *Eyes Wide Shut* von Stanley Kubrick.

Als ich aufwache, läuft mir Blut aus dem Ohr, auf dem ich gelegen habe. Auf meinem Handy lese ich eine Nachricht der Zwillinge. Sie sind nun beide haremsmäßig mit Toni zusammen, mein Beileid. Weiter entnehme ich der Nachricht, dass der Barmann sich beim Auffüllen der Getränke vergangene Nacht die Kniescheibe zertrümmert hat, meinen Glückwunsch.

Xavier würde da einstimmen: »This is not America, schalalalala«.

Ich melde mich telefonisch krank, stoße auf handfeste Empörung und gehe dennoch tapfer zum Arzt.

»Dr. Thürauf« steht auf dem Schild neben dem Eingang.

Gehörsturz.

Beim Verlassen der Praxis lasse ich die Tür hinter mir einen Spalt weit geöffnet, ein Mausloch breit.

Das Kapitel Frankenland schließe ich in diesem Moment für mich ab. Ohne Umwege begebe ich mich zum Bahnhof und fahre schwarz bis nach Bonn.

Ich werde nicht kontrolliert.

19

Ich jobbe mal wieder beim Vater.

Stöcke heben, Sessel entpolstern und vor allem Laub zusammenrechen, das seit dem kürzlich entflohenen Winter Schicht für Schicht ineinanderwuchert und vor sich hin morastet. Mit einer Mistgabel verlade ich zuvor angehäufte Blättertürme in eine Schubkarre und fahre die sich zersetzenden Zellen in eine uneinsehbare Nadelbaum-Lichtung.

Ich frage mich, wie das für die stattlichen und uralten Bäume wohl so ist, inmitten der sterblichen Überreste ihrer abgeworfenen Gliedmaßen Knospen sprießen zu lassen, und denke mir, dass sie sich bestimmt daran gewöhnt haben im Laufe ihres schier endlosen Baumdaseins.

Irgendwie ist das ja so, als gäbe es Entbindungsstationen auf Friedhöfen, wo sich dann das Schluchzen und die Trauer der Hinterbliebenen mit den ersten Schreien der neuen Menschen vermischen.

Ich stelle mir vor, wie schwarze Krähen oder Raben sich ihr mystisches Territorium teilen mit den monogamen Störchen, die die Babys bringen.

Kompost.

Im Schatten der Nadelbäume rauche ich ab und an heimlich und ganz eilig eine Zigarette, damit ich die Pause nicht vom

Lohn abgezogen bekomme. Doch dann ertönt auch schon die Stimme des Vaters, verteilt sich wie bei einer dieser modernen Stereoanlagen in alle Ecken und Winkel des Parks, legt sich flirrend nieder auf die Wipfel des jahrhundertealten Baumbestandes und zwingt sogar ein paar Äste dazu, zu fallen und zum Stock zu werden. Lautlos nieseln sie auf das Moos, damit sie dann später von mir gehoben werden können.

20

Es ist nun der März des Jahres 2004, und ich entscheide mich, den Versuch zu unternehmen, mein Leben, wie sagt man so schön, in den Griff zu bekommen.

Auf der Suche nach einem Auslandsjob verbringe ich meine arbeitslose Zeit an einer Art überdimensioniertem Computer in der Filiale des Arbeitsamtes von Ahrweiler. Unbedingt und dringend möchte ich in ein fernes, warmes Land reisen, um dort zu arbeiten.

Kuba, Mexiko, Australien oder Neuseeland.

Die meisten Angebote, die die Maschine ausspuckt, sind allerdings Jobbeschreibungen für Österreich oder die Schweiz für die kommende Wintersaison. Die kleinen quadratischen Zettel sind auf dünnem, bonmaschinenähnlichem Papier gedruckt. Die Tinte des Druckes fließt, wenn sie mit Wärme oder Sonneneinstrahlung in Kontakt kommt, in sich zusammen wie bei einem Rorschachtest, und ist somit vielleicht einfach nicht für Stellenanzeigen in Ländern mit subtropischem Klima gemacht. Das hat dann also zur Folge, dass es nur vakante Stellen in schattigen Skigebieten zu geben scheint.

Das eine führt zum anderen, und das Resultat aus beidem zum Weg.

Auf meinem Prepaid-Mobiltelefon meldet sich eine verhältnismäßig junge Dame von der Halbinsel Kassandra.

Am Abend vor meiner Abreise feiern ein paar Freunde und ich Abschied voneinander, und ich speziell feiere meinen geplanten Abschied von meinem bisherigen Ich.

Im Bonner Club Carpe Noctem. Den Namen zum Programm gemacht, starten wir mit Dosenbier und Fritten im Imbiss City Pick zwischen Busbahnhof und dem Bonner Loch.

Ein bisschen Bier-Mut später kaufen wir bei Momo Karim »weiß« und »braun«.

Den Toilettenmann des McDonald's in der Fußgängerzone schmieren wir großzügig mit zehn Euro und nehmen die ranzigen Toiletten für die nächsten fünf Minuten ein. Überzogene Bankkarten prüfen wir auf ihre plastische Flexibilität. Angeklebt, abgeschabt. Zerkleinert und stramm in Reihe aufgestellt. Klospülung betätigt, geräuspert und erzählt.

Inhaliert, vernichtet, ausgeschwitzt. The Circle of Life.

Kurzer Doppelcheck, vertraue auf dein Spiegelbild und hasse keinen wie dich selbst.

Ab und los, die Treppen hinauf. Sweet Chili Nugget Burger in advance.

Sauerstoff und freie Welt. Buzz Lightyear und bis zur Unkenntlichkeit und noch viel tighter.

Wir verirren uns in Richtung Ziel, sind übers Ziel hinaus unzurechnungsfähig und fallen gerade noch so an den Türstehern vorbei die Treppe hinunter in das Innere der immerwährenden Nacht.

Bier, Kurze und vereinzelte, aber wiederholte Exkursionen auf die ghettoähnlichen Toiletten unterstützen unser Vorhaben: abkacken, bis kein Fliegen mehr möglich ist.

In der DJ-Kabine deponieren wir unser Hab und Gut in den Schubladen für die CDs. DJ Ottic aka Gerd Höschen legt heute auf. Independent, Trip-Hop und Rock Classics. Zwischendurch Fatboy Slim und Helge Schneider.

Ich lasse meinen Blick schweifen, von der Garderobe rüber zum S-förmigen Tresen mit den ganzen Unterarmtattoo-Trägern und über Fetzen zahlloser verblasster Erinnerungen, die sich wie Nebel übereinanderschmiegen.

Die Taubheit in meinem Mundinnenraum lässt nach.

Feuchte Hände, Vorfreude.

Wohliger Schauer von Stuhlgangdruckgefühlen und schlechtem Gewissen.

Boxenstopp Damenklo. Rein, raus in Rekordzeit.

Aufgetankt und leicht wie Federn im Bonuslevel alter Spielkonsolen. Mit Extra-Speed und Extra-Grip gleiten wir geräuschlos und ohne Widerstand zwischen den enggestapelten Körpern am Rand der Tanzfläche entlang und sammeln leere Flaschen, lösen Pfand ein.

Nulldreier Bier vom Fass und Wodka-U-Boot.

Von null auf Höchstgeschwindigkeit im Laberflash bei Flashlightgewitter.

Bei den Kickertischen und Zigarettenautomaten hängen Bänke ohne Lehne von der Wand. Zu betrunkene Teenies katern oder knutschen und fummeln.

Wer tanzt, hat kein Geld zum Saufen.

Blank wie eine zugedröhnte Kirchenmaus mit Affe und Kater zappele ich gleichgültig und in Superzeitlupe auf der Tanzfläche zu der rauen Schlafzimmerstimme von K's Choice und murmle beherzt die Zeilen ihres Refrains vor mich hin:

»I'm not an addict, maybe that's a lie.«

K's Choice. Keine Wahl.

Unsere LTU-Maschine ist eine der letzten dieser Fluggesellschaft, die überhaupt fliegen.

Als Kind bin ich oft mit LTU geflogen, vom Düsseldorfer Hauptquartier, dem Resident Airport, aus ab nach Santa Cruz, Teneriffa. Dreimal im Jahr.

Ein erstes gutes Omen also für die Reise ins Unbekannte und zu mir selbst, dass mich ein LTU-Flugzeug nach Griechenland befördert.

Die tiefroten Dächer, die dunklen Fensterluken, die aus dem strahlenden Weiß schielen wie Augen aus zu tiefen Stirnhöhlen, untermalt mit einem Lidstrich im Corporate-Design-Rot. Der Rumpf in matter, naturbelassener Stahloptik.

Ich freue mich schon wie einst der kleine Max mit Modellflugzeug-Merchandise in seinen Wurstfingern auf die Mahlzeit während des Fluges. In den kleinen rechteckigen Plastikdingern mit Aluminiumdeckel wie Schlemmerfilet á la bordelaise – als sei Käpt'n Iglo plötzlich Pilot geworden.

Ein Glas in einer Kaffeetasse auf einem lilafarbenen Tablett. Schwarzbrot im Beutel, Kaisersemmel, gute Butter. Brotzeit.

Nachtisch und Joghurt.

Das Essen ist außen heiß und innen lauwarm und so weit verkocht, dass auf gar keinen Fall mehr auch nur Überreste von Nährstoffen enthalten sind.

An Bord des Flugzeugs von Düsseldorf nach Thessaloniki schlafe ich sofort ein.

Am Ausgang des Flughafens erwartet mich eine braungebrannte Frau mit schwarzen Rastazöpfen, in einem langen Kleid, dessen subtiler Print vermuten lässt, dass sein Entwurf aus der bescheidenen Feder der extrem homosexuellen Designer Dolce & Gabbana stammt. Der faltenwerfende Saum ihres Kleides tanzt sachte über ihre High Heels hinweg und tätschelt hier und da ihre ochsenblutrot lackierten Zehennägel.

Ich erinnere mich an ein Bild aus der GQ *Style*, auf dem der Mode-Gott, Freistoß-Spezialist und Ehemann von Posh Spice als erster Repräsentant der Metrosexualität abgebildet ist. (Er sieht der übermittelten Darstellung eines Neandertalers weit weniger ähnlich als zum Beispiel sein humorbegabterer Landsmann Wayne Rooney.) In seinem roten Shirt mit der Trikotnummer 7 und einer sehr kaputten und hellblauen Jeans und schlimmen Flipflops, natürlich alles von Dolce & Gabbana, erobert er die Herzen auf der ganzen Welt.

Ich wünsche mir, ich hätte was von David Beckham. Oder zumindest die weite Hose und die Sandalen aus dem italienischen Modehaus. So als Basis zum Kennenlernen und um zu zeigen, dass ich was verstehe von Fashion und Glamour und so, und um das Herz meiner neuen Chefin zu erobern.

Eine rauchige und vehemente Stimme zerrt mich aus den Styledefizit-Kompensations-Träumen, die mein Hirn zwischen meinen kabinendruckgeplagten Ohren entspinnt.

Auf die Fragen, wie mein Flug war und ob ich eine angenehme Reise gehabt habe, kann ich nicht antworten. Ich erinnere mich nicht.

Das Mittelmeer reflektiert die gleißende griechische Frühlingssonne und wirft sie auf die weißen Fassaden der uralten Lehmbauten mit ihren unverwechselbaren blauen Balkonen.

Neben der Fahrbahn geht es steil bergab, Klippen ragen hervor, das Meer bricht sich unter tosendem Beifall, beklatscht sich selbst und zieht sich in grellweißer Gischt in sich zurück, bevor es wieder von vorne gegen das Felsgestein anprescht.

Nika manövriert den metallicgrauen Opel Zafira die serpentinenartige Straße hinauf zum neuem Arbeitsplatz, dem Hotel Omodos oberhalb des Küstenortes Larnaka.

Ich beziehe mein Zimmer im Personaltrakt des Hotels. Es ist klein und entspricht allen griechischen Klischees, hat einen Balkon zur Seite hinaus und verfügt über ein winziges Bad. Ich stelle nur eben meinen Koffer ab und kehre zurück ins Foyer des Hotels.

Nika stellt mich dem übrigen Personal vor. Eigentlich gehören alle zur Familie.

Nikas Bruder Alexandros ist der Hotelmanager. Ihre Eltern, Cäcilia und Ambrosius, arbeiten ebenfalls mit im Hotel, hatten früher in Deutschland ein griechisches Restaurant, das so gut lief, dass sie über die Jahre hinweg genug Geld sparen konnten, um sich den Traum vom eigenen Hotel in ihrer alten Heimat verwirklichen zu können.

So wie die Herren-Modeszene von einem Briten, nämlich David Beckham, dominiert wird, so ist auch Larnaka fest und aussichtslos in britischer Hand. Die Straße, die runter zum Strand führt, trägt den Namen »Beach Road« und ist gesäumt von Verschlägen und Flachbauten mit Nachtclubs und Großraumdiskos. Leichtbekleidete Bitches aus Großbritannien verbringen ihre Semesterferien hier, bezahlt werden sie per Kost und Logis, bieten Billigschnaps in Plastik-Shotbechern an. »Won't you come in? One shot for free!«

Sie bevölkern die Beach Road vor den Kulissen ihrer Assi-Clubs, aus überdimensionalen Lautsprechern dröhnt verzerrt und ohne Höhen, so als würde allein der Bass das Hirn absorbieren, Usher mit seinem Smash-Hit »Yeah«.

Die Flipflop-Armee leicht zurückgebliebener Absolventinnen der Secondary School stößt mit jedem der trinkenden Passanten an. Zwischen Fastfood und Notarztwagen bumsen sie in ihrem eigenen Erbrochenen Fremde, geschützt durch ihren bereits auflauernden Filmriss, auf einen Orgasmus hin, der die Mühe nicht lohnt. Dehydriert wie Dörrobst. Union Jack.

Aus einer Fußsohle pellt sich die Scherbe einer Alkopop-Flasche, Blut klebt an den viel zu weißen und schinkenspeckartigen Schenkeln einer postkoitalen Britin, blondiertes Haar saugt sich voll mit Kotze, eine Sonnenbrille mit gelbgrün getönten ovalen Gläsern verschmilzt Ton in Ton mit der Magensaftlake.

Es riecht nach Schmelzkäse, verbranntem Fett, Limetten und braunem Zucker, nach Jean Paul Gaultier und Halbverdautem. Ein lauwarmer Wind weht das nötige Salz für die vollständige Würze und ein bisschen Sand für Textur und Crunch vom Meer die babylonisch anheimelnde Straße hinauf.

»Was heißt ›drei Gyros Pita, bitte‹ auf Griechisch«, frage ich meine Chefin.

Laut Stellenausschreibung habe ich eine Siebentagewoche, was so viel heißt wie: Ich arbeite immer, Montag bis Sonntag, für die nächsten sechs Monate. Mit dem Frühstücksbuffet und dessen Vorbereitung habe ich nichts zu tun, mein Arbeitstag beginnt um vierzehn Uhr und endet, mit Ausnahme der Spätanreise-Tage durch die TUI Dienstag und Freitag, um einundzwanzig Uhr.

Cäcilia backt täglich frische Kuchen für die Stammkundschaft aus Deutschland und der Schweiz (von Party-Briten bleibt das Hotel, Zeus sei Dank, verschont).

Mein Hauptaufgabenbereich liegt darin, das Buffet für die Gäste in Halbpension zuzubereiten.

Vorspeisen und Salate und das Dessert werden im Restaurant aufgebaut, den Hauptgang richten wir in der Küche an und schicken ihn per Kellnerhand hinaus. Außerdem gilt es, den nimmersatten Alexandros mit Fastfood-Spezialitäten (zum Beispiel einer Clubsandwich-Dauerleitung) bei Laune zu halten.

Die meiste Zeit kochen wir griechische Spezialitäten wie Moussaka und Stifado.

Abends gehen wir aus, in eine Strandbar oder einen Club.

»This is where the fun begins and never ends! Amnesia Club!«

Die Chefin und ich tanzen in einem benachbarten Ort im Amnesia, trinken Heineken aus Flaschen und Smirnoff auf Eis aus Champagnerflöten. Auf den Toiletten im Keller pudern wir uns die Nasen, mein Herz schlägt mir in der Kehle zum Rhythmus der Beats.

Ihr Drogendealer, ein Hirte, »Der Hirte« genannt, fährt uns in seinem E-Klasse-Benz mit getönten Scheiben und ohne Kennzeichen zurück ins Hotel. (Man muss nämlich in Griechenland nachweisen, dass man das Geld, das man für einen Luxuswagen ausgibt, auch versteuert hat, ansonsten bekommt man kein Kennzeichen.)

Nika nimmt meine Hand und sagt: »Ich mag dich.«

Am Nachtportier vorbei verschwinde ich über den Seitenflügel in mein Zimmer, springe unter die Dusche, wasche mir Schmutz und Schweiß von meinem erhitzten Körper. Duschnass nehme ich mir meinen lilafarbenen Anti-Shock-Discman von Sony, setze mich auf den uneinsehbaren Balkon und lausche dem Album *Parachutes* von Coldplay. Zwischen den vereinzelten Drumbeats vernehme ich ein fernes, aber bestimmtes Klopfen an meiner Zimmertür. Ich eile hinein in das beschauliche Zimmer, erschrecke vor meinem Spiegelbild und klaube hektisch ein paar Kleidungsfetzen vom Fußboden zusammen. Ein Klicken an der Tür kommt mir zuvor und lässt mich zusammenzucken, eine Zimmerkarte entsichert das Schloss von außen, und Nika stiehlt sich barfüßig und auf Zehenspitzen durch einen Spalt in der Tür herein. Ich stehe ihr nackt gegenüber. Erst rechts, dann links lupft sie ihr hauchdünnes Nachthemd über ihre Schultern und lässt es lautlos ihren Körper hinab zu ihren Füßen fallen. Erst links, dann rechts steigt sie aus dem unsichtbar werdenden Stoff und kommt zwei kleine Schritte auf mich zu.

Mit ihrer Hand ergreift sie mein Glied, führt mich zum Bett wie einen Hund an der Leine und bedeutet mir, mich hinzulegen. Sie legt den Zeigefinger ihrer freien Hand auf ihre vollen und gespitzten Lippen und entlässt meinen zögerlichen Schwanz aus ihrem festen und erfahrenen Griff. Mit ihrem linken Knie lässt sie sich auf die Federn hinab, schwingt ihren angewinkelten rechten Schenkel über meine Schultern und vergräbt mein Gesicht zwischen ihren Arschbacken. Langsam und schwer sinkt sie aufrecht sitzend auf mich hinab und lässt ihre Vulva sich feucht und schmelzend über meinem Mund verteilen. Sie lutscht mir die Finger nass, während sie langsam vor und zurück über mein Gesicht rutscht, steckt sich meinen Daumen in den Hintern, beugt sich nach vorne und umschließt meinen Schwanz mit ihren Lippen. Es ist nass und heiß in ihrem Mund und kühl und windig, wenn sie Luft holt und mich mit ihrer Zunge traktiert.

Wir beide schwitzen und beben und zucken.

Ich komme fast augenblicklich in ihrem Mund. Zwischen ihrem Arsch und meiner Zunge entfährt mir ein wollüstiger Schrei, der in ihrem Fleisch erstickt.

Die Flut ihres Saftes wird zu meinem Speichel.

Zitternd rollt sie sich von mir runter, den Zeigefinger wieder an den gespitzten Lippen.

Sie wirft ihr Nachthemd über und huscht lautlos aus dem Zimmer.

Die nächsten Tage ist die Chefin schwer darauf bedacht, sich nichts anmerken zu lassen, so zu tun, als sei nichts geschehen, und ich überlege kurz, ob ich diese Szenen nur geträumt habe. Doch dann schmecke ich sie wieder in meinem Mund.

Ich versuche es ihr gleichzutun und scheitere, kann höchstens unfreundlich sein, aber nicht neutral, so wie immer, als sei nichts gewesen.

Abends sitzen wir zusammen und trinken mal Hauswein direkt aus Fässern, mal Cocktails (ich glänze mit meiner in Nürnberg erlernten Fähigkeit, einen Touchdown zu mixen).

Es dauert eine geschlagene Woche, bis sie mich wie aus heiterem Himmel nach Feierabend per Anruf über die hausinterne Telefonleitung zu sich nach oben in den zweiten Stock zitiert.

Da ich nicht weiß, wo genau sich ihr Zimmer befindet, irre ich einige Momente verwirrt und orientierungslos über die Flure, bis ich eine Tür erspähe, die nur angelehnt ist. Zaghaft klopfe ich an, die Tür öffnet sich ein paar Millimeter, und Nika bittet mich herein.

Auf einem Nachttisch rechts im Flur, bevor man das eigentliche Zimmer betritt, steht ein Spiegel an die Wand gelehnt und ein kleinerer liegt davor. Zwei fein ausgearbeitete Linien Kokain liegen parallel zueinander, ein gerollter und zusammengeklebter Geldschein direkt daneben.

Auf ihr Geheiß bücke ich mich zum Spiegel hinab, inhaliere die Droge, richte mich dann wieder auf und erblicke das Bild der nackten und masturbierenden Nika im Spiegel vor mir.

Wir spielen miteinander die ganze Nacht. Mal rau, mal zart. Immer intensiv und ohne Unterlass.

Und so geht es weiter. Immer weiter.

Nachts springen wir in den großen Pool, der tagsüber für das Personal tabu ist und nachts für die Gäste.

Wenn ich sie gegen die Poolwand ficke, fühlt es sich so an, als würde ich Zigtausende Kubikliter Wasser verdrängen, bevor ich in sie eindringe. Das Chlorwasser sauge ich ein und spucke es ihr pausbackig bei einem Kuss in den Mund, damit man sie nicht hört.

Wir lernen einander kennen, in- und auswendig.

Die Fußball-Europameisterschaft wird in diesem Jahr in Griechenland ausgetragen, das Gastgeberland ist als Teilnehmer gesetzt, Deutschland ist unter der Fuchtel des Nationalhelden und Weltmeisters von 1990, Rudi Völler, für die Endrunde qualifiziert, und David Beckham befindet sich zur selben Zeit im selben Land wie ich.

Nach Feierabend gucken wir gemeinsam mit Stammgästen aus der Schweiz am Tresen die Spiele. Unter den Gästen befindet sich der deutsche Wahlschweizer René Elsener, ein ehemaliger und nun frühpensionierter Lokführer der Zürcher Straßenbahn. René ist waschechter und unverbesserlicher Alkoholiker, mit über reichlich Fett gespannter Haut im Rot des Kunstdarmes der Schweizer Zervelatwurst.

Er ist mindestens genauso schwul wie Domenico Dolce und Stefano Gabbana zusammen und ein sehr großer Bewunderer meiner Person.

Er nennt mich »Moaxly«.

Der inflationäre und rücksichtslose Einsatz seines Duftes Chanel Allure Homme Sport verrät seine sich anbahnende Anwesenheit bereits einige Minuten im Voraus und ermöglicht mir einen raschen Rückzug auf mein Zimmer oder in die Küche, denn diese ist für Gäste Sperrzone. Nika und Alexandros verhelfen mir das eine oder andere Mal zur Flucht.

An den Fußballabenden, insbesondere bei den Spielen der griechischen Mannschaft, ist das jedoch nicht möglich. Alle Hotelgäste, egal welcher Nationalität, werden zu eingefleischten Fans der Gastgebernation und verfolgen die Metamorphose von Otto Rehhagel zur Gottheit Rehakles auf dem kleinen Bildschirm in der Bar und in großen Lettern auf den Titelseiten der Tageszeitungen *Blick Aktuell* und *Bild*.

Meine griechische Familie läuft in Sachen Gastfreundschaft zur Höchstform auf.

Allerlei Spezialitäten der Insel werden aufgefahren, Cäcilia füllt Weinblätter, bis es keine mehr gibt, Raki, Ouzo und Mythos-Bier fließen in Strömen aus Flaschen und aufs Haus. Gelegentlich verstecken Polizisten ihre Dienstwagen auf dem Grundstück des Hotels, gesellen sich hinzu, ignorieren das Gekrächze aus ihren verstimmten Funkgeräten und bestellen Schnaps.

Am Tag des Triumphes von Otto Rehakles' Mannschaft durch das eins zu null in der achtundfünfzigsten Spielminute gegen die Portugiesen drohen die Berge und Felsen der Insel wie stolzgeschwellte Brüste zu zerplatzen. Es regnet weiße Papierservietten, die Straßen sind von den Gehwegen nicht mehr zu unterscheiden, unter der weißen Decke bebt die Erde, und die Polizei quittiert ihren Dienst.

Die Götterdämmerung rund um die Wachablösung der Herrschaft der metrosexuellen Fußballspieler und Männer im Allgemeinen zeichnet sich ab, David Hinterschinken übergibt das Zepter an die begnadetste Heulsuse und Hackfresse im Profisport, CR7.

René stellt mir nach, verfolgt mich auf die Toilette und gesteht mir seine Liebe.

In seiner guten Stube sei schon ein Foto von mir auf dem Sims seines Kamins vorgesehen.

Er gesteht mir weiter, dass er vorhabe, über die Sommersaison in den nächsten Wochen und Monaten noch einige Male zurückzukehren, sich eine der Suiten mieten zu wollen, für sich und mich. Er versichert mir, ich sei homosexuell, und es gäbe da gar keinen Grund zur Scham und schon gar keine Zweifel, ich müsse es nur zulassen.

Beängstigt und gleichermaßen amüsiert klage ich Nika auf ihrem Zimmer von Renés Vorhaben und seiner Behauptung über meine latente Homosexualität.

»Los, fick mich in den Arsch, Moaxly!«, sagt sie.

Beach Road, Vollsuff.

Nika und ich fahren mit dem Aprilia-Roller, Modell Atlantic, 125 Kubik, hinunter ins Dorf. Ein Freund von Alexandros aus Hamburg ist zu Besuch. Er ist Polizist.

Unter Zuhilfenahme des Hirtenkokses messe ich mich mit ihm in der würdelosesten und erbärmlichsten Disziplin eines Wettkampfes, dem Wettsaufen. Eine Disziplin ähnlich dem Wettwichsen; wer kann mehr, schneller, länger; man passt sich seiner Umgebung an.

Oder, so frage ich mich vielmehr, kitzelt die Schar besoffener Briten, deren Körper sich im Delirium übereinanderlegen wie die Wellen des Meeres (so als würde über die überschwemmte Beach Road ein zweites Meer über die Ufer treten und in das Mittelmeer münden), den deutschen Ballermann-Touristen aus mir hervor?

Gibt es ein Assi-Gen oder gar ein Assi-Virus? So wie zum Beispiel jeder Mensch das Herpes-Virus in sich trägt, es aber nicht bei jedem ausbricht (der Begriff »Herpes« kommt natürlich, wie könnte es anders sein, aus dem Griechischen und bedeutet »kriechen«).

Ist es also nur eine Frage der Zeit, nach welcher Latenz der Assi in uns erwacht und zum Vorschein kommt, andere infiziert? Ist der Assi das juckende und eiternde Herpesbläschen der Welt mit Epizentrum Ballermann und Beach Road?

Und wenn ja, welche Rolle spielt Alkohol dabei?

Und während ich mich das frage, schäme ich mich, ein Deutscher zu sein, und bedauere ganz Spanien, und im gleichen Moment bereue ich meine Gedanken, denke an Jürgen Drews und dicke Titten.

Immerhin ist es einer der ersten Wettkämpfe in meinem Leben, den ich für mich entscheide.

Vollberauscht beschimpfe ich den Türsteher eines Clubs, bekomme eins auf die Fresse und trotte beleidigt von dannen, als mir klar wird, dass Nika sich für mich schämt.

Am Strand scheitere ich beim Versuch, die furchtbar heiße Marén, eine Animateurin im Dienste des Robinson Clubs, zu penetrieren. Ihre Brüste sind weiß und braun zugleich, Tanning und so. Finde ich unerträglich geil. Trotzdem gelingt es mir nicht, hier zu »vollstrecken«, wie mein Vater den einvernehmlichen Vollzug des Koitus liebevoll nennt. Aus dem Club schallt weiterhin Nullmusik, und ich versuche freudig, meine Kontakte als Native Greek spielen zu lassen, werde aber erneut abgewiesen. Während des Intermezzos mit der Animateurin muss wohl einige Zeit ins Land gestrichen sein, denn ich finde niemanden meiner Posse mehr wieder. Auf der Suche nach ein paar Euros für eine weitere weltbeste Gyros-Pita, vor Fett triefend, Zaziki mit Knoblauch-Überdosis, aromatisch total übersteuert, entdecke ich in meiner Hosentasche den Schlüssel für den Roller, der keinen Platz finden konnte in den engen Hotpants der Chefin.

Die Pita verschlingend und vor mich hin stolpernd und taumelnd und schwankend gehe ich die kurze Beach Road mehrfach auf und ab, an den Clubs und Schaumpartys und Imbissbuden vorbei und versuche wie besessen, den Roller zu finden oder mich daran zu erinnern, wo Nika und ich ihn geparkt haben. Mein vollkommen zerstörtes Hirn ist leer und frei von Gedächtnis.

An einer ranzigen Chicken-Burger-Bude resigniere ich, bestelle mir einen Burger mit Extra-Käse, bezahle, setze mich auf die Treppenstufen davor und nicke kurz ein. Und als ich aufwache, weil mir jemand schreiend den Burger entgegenstreckt, stelle ich mit Erstaunen fest, dass der Roller direkt neben mir steht.

Den Burger lege ich in den Helm und diesen in das dafür vorgesehene Fach zurück, besteige selbstbewusst das Gefährt, denke kurz an meine rasante Fahrt mit Frau Tyrol, damals im Altersheim, und dann an meinen Großvater, den deutschen Meister auf einem Motorrad 1955. Ich habe seine Rennfahrer-Gene geerbt, so viel ist sicher.

Ich stottere unter theatralischem Motorengeheul und wiederholten abrupten Bremsmanövern die sich leerende Straße hinauf Richtung Kreuzung, entscheide mich, den unbeleuchteten Schleichweg über den Hügel hin zum Hotel zu nehmen, um eine mögliche Polizeikontrolle vorausschauend zu umfahren (immerhin habe ich keinen Führerschein). Ich freue mich darauf, Alexandros' geliebten und allerheiligsten motorisierten Untersatz in die heimische Garage zu fahren, giere dem bevorstehenden morgendlichen Lob entgegen und nehme mir vor, Nika um Verzeihung zu lecken.

Als ich zu mir komme, dreht sich der hintere Reifen der Aprilia in schier unermesslicher Geschwindigkeit, der Frontscheinwerfer strahlt Fernlicht aus dem verbogenen, an ein umgedrehtes Genick erinnernden Lenker und setzt den sich drehenden Hinterreifen ins Spotlight.

Einige aufgebrachte und nervöse Menschen hocken um mich herum, schnipsen wie wild, sprechen eine fremde Sprache. Im Hintergrund telefoniert jemand. Aus der Ferne sind Sirenen zu hören.

Reflexartig springt mein Hirn in den Fluchtmodus. Ich erhebe mich aus einem Beet aus reichlich großen Steinen, stolpere über eine überirdische Wasserleitung, rappele mich erneut auf.

Trotz der Orientierungslosigkeit und der immensen Schmerzen, einer dramatisch wirkenden Menge Blut, die ich verloren zu haben scheine, schleppe ich mich wie ein verwundetes und ferngesteuertes Vieh humpelnd Richtung Hotel, entscheide mich geistesgegenwärtig dagegen, durch das Foyer und am Nachtportier vorbei einzutreten, und fasse den Entschluss, über den Balkon in mein Zimmer einzubrechen.

Aus einem mir unersichtlichen Grund liegt diese Marén

entblößt und im Alkohol-Delirium schnarchend auf meinem Bett. Ich stolpere ins Bad und erbreche mich, als ich mein Gesicht im Spiegel erblicke, unter dröhnenden Schmerzen ins Waschbecken. Mein linkes Auge ist zugeschwollen, dehnt sich aus über Augenhöhle und Wangenknochen, meine Augenbraue scheint durchtrennt und zerstört, ihre Segmente verteilen sich ungeordnet zwischen Haaransatz, Stirn und Nasenbein. Verschiedene Farben markieren die Übergänge zwischen den Hämatomen über den Knochenstrukturen. Dieses pulsierende Gebilde in meiner Visage scheint so fragil und dünnhäutig, als würde es in den nächsten Sekunden platzen und sich auf den Sonnenmosaik-Kacheln des Badezimmers verteilen.

Ich streife meine Jeans über die Schienbeine ab, ziehe so vorsichtig, wie es mir in diesem Zustand möglich ist, das mit meiner Haut zusammengewachsene weiße Hemd ab, setze mich in die Dusche und lasse das leider nicht wirklich kalte Wasser sanft über meine Beulen, Schnitte und Blessuren rinnen.

Stofffetzen verstopfen im Sog des Strudels den Abfluss der Duschkabine. Verdünntes Blut läuft über und rinnt ins Schlafzimmer.

Ich steige aus der Kabine, lege mich nackt auf den Boden neben das Bett und falle in eine Art Ohnmacht.

In meinen Träumen bin ich ein tiefgefrorener Schweinelachs, der es nicht schafft, sich aus seiner Vakuumverpackung zu befreien.

Die Reaktionen auf mein Äußeres am nächsten Vormittag lassen die Sorgen um den verschollenen Motorroller abebben.

Ein paar Röntgenaufnahmen später gehe ich, vollgepumpt

mit allerlei Medikamenten, zum Strand, um die Heilung meiner Wunden im Salzwasser des Meeres zu beschleunigen.

Nach dieser doch sehr unangenehmen Tortur schleppe ich mich auf eine der blau-weiß gestreiften Liegen, verfalle in embryonalen Tiefschlaf und erwache Stunden später in der grellen Mittagssonne mit einem beachtlichen Sonnenbrand.

Die nächsten zwei Tage habe ich dann tatsächlich frei, versetze mich im Rausch der Medikamente immer wieder in die vakuumierte Seele verschiedener toter Tiere und ersinne die bestmögliche Zubereitungsart für mich selbst.

Ich komme sozusagen mit einem extrem blauen Auge davon und genese unter Nikas Pflege und in ihrer Obhut recht zügig.

Und während ich da so liege und unter Schmerzen vor mich hin vegetiere, frage ich mich, wie lange das wohl alles noch so weitergehen kann. Ich frage mich, wie lange mein Schutzengel mich noch beschützt. Und während ich mich das frage, bekomme ich Heimweh; Heimweh nach einem Ort, den ich noch nicht kenne, aber von dem ich merke, dass ich ihn in mir trage.

21

Juliane Saubermann ist eine rattenscharfe kleine Blondine. Während des Sommermärchens schlage ich mit meinem Ellenbogen das bleiverglaste Tor einer Kapelle ein, um mit von Gott geborgten Teelichtern ein wenig romantische Stimmung zu erzeugen. Meine kleine Wohnung im Souterrain eines biederen Einfamilienhauses verwandle ich in eine Liebeshöhle, die an die Kulisse der Nirvana-unplugged-Aufzeichnung erinnert. Draußen grölen die Massen beim Public Viewing, oben stampfen die Vermieter mahnend auf das Laminat, und unter mir schreit Juli. Ihre Vagina raubt mir den Verstand.

Bastian, ihr langjähriger Stecher, hatte einen riesigen Schwanz. Das merke ich noch, wenn ich in ihr rumstochere. Auf den Wirbeln am Rücken trägt sie chinesische Schriftzeichen: »Leben, Freundschaft, Unendlichkeit, Sex, Frieden«.

Blonde Härchen beherbergen ganz feine Schweißperlen, wenn sie beim Ficken schwitzt. Wenn dann die Sonne auf ihren Rücken strahlt, wirken die Tätowierungen wie durch Seidenpapier gepaust und geben die wuchtigen Begriffe der Lächerlichkeit preis.

Neben ihrem Bauchnabel schwebt eine Elfe und hält Blickkontakt mit einem Schmetterling über ihrer Vulva. Ich bin also nicht allein, wenn ich sie lecke und ihr gleichzeitig die Faust in die Vagina gleiten lasse.

Eigentlich ist Juliane gegen Verhütung. Dennoch nimmt sie die Pille. Auf der Verpackung ist ein Apfel zu sehen, der mit Engelsflügeln über das Paradies hinwegfliegt. Juliane trägt das Parfum »All About Eve« von Joop.

What about Adam? Anyway. Fairy Dust!

Juliane jedenfalls macht eine Ausbildung zur Krankenschwester im Johanniter-Krankenhaus zu Bonn, um anschließend Medizin zu studieren. Sie wird dann, wenn sie einmal Ärztin ist, Aufklärungsarbeit in Afrika leisten und unendlich vielen Frauen die Klitoris rekonstruieren, damit sie Freude am Sex haben können.

Ein ehrenvoller Plan.

Als wir beide einmal in ihrem Auto streiten, sagt sie mir, ich habe ja eh von nichts eine Ahnung, ich sei ja nur ein Koch.

22

Liebe Polizei aus Düsseldorf,

am 14.12.2006 besuchte ich zusammen mit meinem Freund, dem Herrn Oliver Bruch, eine Lesung von Benjamin von Stuckrad-Barre im Zakk in Düsseldorf. Nachdem wir der Veranstaltung frühzeitig verwiesen wurden, kehrten wir zum Hauptbahnhof zurück, um von dort aus den letzten Zug nach Bonn zu nehmen.

Um die Wartezeit erträglicher zu gestalten, beschlossen wir, die Droge Kokain zu kaufen; die Wartezeit bis zum Eintreffen wollten wir uns mit reichlich Alkohol versüßen. Wir hielten uns eine kurze Weile auf dem Bahnhofsvorplatz auf und begegneten der »Geschädigten«, Frau Rosinki. Sie bot uns an, gegen Vorkasse den Versuch zu unternehmen, die Droge zu besorgen, und verschwand sodann in einer Telefonzelle, um ihren Dealer zu kontaktieren. Durch ihre eigene Zugedröhntheit fiel ihr das Wählen der Nummer sehr schwer, und auch die Kommunikation mit dem Gesprächspartner entwickelte sich äußerst zäh.

Uns lief die Zeit davon.

Vom Alkoholgenuss sichtlich belustigt und angetrieben, klopfte ich unter Zuhilfenahme meines rechten Fußes einige Male vehement gegen das Äußere der Telefonzelle. Glas ging hierbei nicht zu Bruch. Frau Rosinki begann nun, um Hilfe zu schreien, und schleuderte den Telefonhörer im Innern der Zelle unkontrolliert und wild wie ein Lasso in einem Westernfilm umher. Unter schallendem Applaus ihrer Begleitung öffnete sie nun die Tür der Telefonzelle und begann mit dem Hörer nach mir zu schlagen. Ich versuchte mich mit ausgestrecktem Arm vor diesem Manöver zu schützen.

Die Polizei traf ein.

Frau Rosinki wurde weder geschädigt noch trug sie einen Schaden davon, den sie nicht schon vorher hatte.

Vielmehr sind Herr Bruch und ich hier die Geschädigten: Frau Rosinki behielt unser Geld ein, wir bekamen kein Kokain und verpassten zudem noch den letzten Zug nach Bonn und mussten die halbe Nacht am Düsseldorfer Bahnhof ausharren. Ohne Geld und ohne Drogen. Die Außentemperatur betrug minus vier Grad.

23

Frühjahr 2007, Bonn und Koblenz.

Während ich am Bonner Berufskolleg dem ambitionierten Vorhaben hinterherhechle, mein Abitur zu machen, komme ich bei meiner guten Freundin Lara im noblen Stadtteil Poppelsdorf unter.

Nur selten begegnen wir uns in unserer Wohngemeinschaft, doch an den Wochenenden teilen wir verkatert ihr Bett. Gerade ist die erste Staffel *Grey's Anatomy* auf DVD erschienen, und wir sind beide totale Fans. Ich, weil ich Meredith Grey unerträglich geil finde, mit ihrer Mundpartie, die immerwährende und rotzige Unzufriedenheit suggeriert, und Lara, weil sie auf das neurochirurgische Genie Dr. Shepherd steht. Dramaturgisch ist die neue Serie ein Superlativ von *GZSZ* mit besseren Schauspielern und einem immensen Budget.

In Laras Backofen garen wir uns Hähnchenschenkel und geriffelte Pommes frites von McCain. Den Bratensaft des Geflügels lassen wir nach dem Garvorgang ein paar Momente ruhen, damit sich diese transparente Kollagenschicht bildet und sich wie eine zarte Haut über das ausgetretene Hühnerfett schmiegen kann. Dann geben wir die Fritten in den Sud.

Es gibt keine Fritten, die so abwechslungsreich sind wie die, die man im Ofen gart. Von zu roh bis zu kross bis hin zu perfekt. Jedenfalls zermatschen wir die Pommes unter Zuhilfenahme einer Gabel in dem Fett, wie unsere Großeltern es mit Salzkartoffeln in der braunen Bratensauce taten. Unsere Kreation garnieren wir verschwenderisch mit Curry-Gewürzketchup der Marke Hela und der Thomy-Mayonnaise mit Ei.

Lara entscheidet sich dazu, ein neues Bett bei IKEA zu kaufen. Ihr Exfreund Martin, ein kleinwüchsiger Wicht, ist krankhaft eifersüchtig. Er schnüffelte immer an ihrer Unterwäsche, um anhand olfaktorischer Differenzen in den Rückständen ihrer Scheidenflüssigkeit Beweise für ihre Untreue zu finden. Lara wünscht sich ein frisches Bett, in dem sie ungehemmt Körperflüssigkeiten austauschen kann und das frei ist von unangenehmen Assoziationen und Erinnerungen an die Schmach ihrer vorangegangenen Geschmacksverirrung.

Ich bitte den Vater um seinen Mercedes Sprinter als Leihgabe. Der Sprinter sei immer unterwegs, die Reifen stünden niemals still, und überhaupt sei Stillstand Rückgang. Aber die Lara, mit der könne man Deutschland wiederaufbauen, den letzten Krieg gewinnen, und überhaupt sei Lara klasse, und es sei nicht verwunderlich, dass ich bei einer wie ihr nicht landen könne. Jedenfalls bekommen wir, weil Lara so super ist, einen E-Klasse-Benz mit Dachgepäckträger. Ray Charles sei schon im CD-Player eingelegt, wir könnten also Vollgas geben und mit Stil in die schwedische Möbelklitsche fahren, um dort schäbige Weichholzimitat-Möbel zu erwerben.

Der Rennwagen müsse pünktlich um 1800 wieder vor der Villa Lucia stehen, dann würde es nämlich weitergehen, die Maschine müsse brennen. Bamberg, Saarbrücken, Paris, der Kalender sei zum Bersten gefüllt. Auf Verspätung stünde die Todesstrafe, ob man an den Tod nun glaubt oder nicht.

Also, bitte pünktlich zurück.

Bei IKEA in Koblenz kaufen wir also Bettgestell, Matratze und andere Dinge, die auf Vornamen hören.

Auf dem Rückweg brechen die Wolken über Lara, mir und dem Rennwagen zusammen. Unsere amateurhafte Konstruktion mit der Matratze auf dem Dach des Autos droht im harten Gegenwind auf einer der zahlreichen Rheinbrücken zum Segel zu werden und den Wagen zum Segelflugzeug zu transformieren. In Schritttempo erreichen wir schließlich leicht verspätet die Villa des Vaters.

Die Haustür zum Treppenhaus ist verriegelt, und trotz vehementen Klingelns öffnet niemand. Ich werde verrückt bei dem Gedanken an den väterlichen Zorn und vor allem bei der Vorstellung, ihn enttäuscht zu haben und die Verantwortung für das Scheitern eines weltweiten Imperiums tragen zu müssen.

Irgendwie verschaffen wir uns Zugang zum Treppenhaus und begeben uns in die erste Etage, unmittelbar vor die Sicherheitsdoppeltür der väterlichen Wohnung. Wenigstens räumlich sind wir jetzt näher am Ziel.

Wir klingeln Sturm, rufen von zwei Telefonen abwechselnd an, auf Festnetz und Handy, resignieren schließlich und sacken auf der Treppe zusammen. Lara beruhigt mich, streichelt meinen Schritt und bedankt und entschuldigt sich, während unten auf dem Autodach ihre neue Matratze im Regen aufquillt. Ich habe ein schlechtes Gewissen in alle Richtungen.

Ein dumpfer und unregelmäßiger Ton lässt unsere Mixery-Bierdosen erschüttern wie das Wasserglas in der berühmten Szene aus *Jurassic Park* mit dem T-Rex. Mein Glied erigiert gemächlich vor sich hin, und ich kann mich nicht sattsehen an

Laras nassem blondem Haar, als sich die Tür zur Wohnung des Vaters öffnet. Mit dem Ellenbogen stoße ich sie seitlich von mir fort und kneife die Knie zusammen.

Vor uns steht der nackte Vater. Laras Augen weiten sich, und mein Kopf errötet. Die Erektion flaut ab, schneller als sie zustande kam. Der Vater sagt: »Wat is? Ihr braucht gar nicht so zu gucken, nackt bin ich am schönsten.«

Plattfüßig stolpert er vor uns her und weist uns voranschreitend den Weg in seine Küche. Er setzt sich ans Kopfende seiner Tafel und befiehlt uns, Wein aufzuziehen.

Der Vater erklärt mir, ein Abitur, das hätte ich gar nicht nötig. Kochen sei ein geiler Beruf.

24

In den Ferien jobbe ich mal wieder beim Vater und spare mir etwas Geld zusammen.

In Berlin gebe es etwas auszuliefern und allerlei in Augenschein zu nehmen. Ein Röntgen-Möbel müsse in ein Museum, »Röntgen, der Künstler, nicht Röntgenstrahlen oder Superman«, werde ich belehrt.

Ich bitte darum, mitfahren zu dürfen. Immerhin war ich noch nie in Berlin. Das sei natürlich schwer vorstellbar und ein Argument, sagt der Vater. Mit der Anweisung, nicht all mein sauer verdientes Geld direkt auf einmal auszugeben, und dem Rat, aber bitte mal ganz schnell neue Lederschuhe mit genähter Sohle zu kaufen, bekomme ich meine angesparten Arbeitsstunden ausbezahlt, und am übernächsten Morgen geht es los in die Hauptstadt.

In der Früh, es ist noch dunkel, besteigen wir den Mercedes Kombi. Die Frau des Vaters nimmt auf der Rückbank Platz, entledigt sich ihrer Slipper, kuschelt sich in einen sehr großen, engmaschigen Kaschmirschal und steckt sich die erste Camel ohne Filter an. Der Vater, einen Zigarrenstummel mit kurzen, stoßweisen Zügen penetrierend, teilt mich als Copiloten ein und weist mir den Platz zu seiner Rechten. Er sei recht müde, habe schlecht geruht und sei dennoch hellwach und vigilant wie eine ausgehungerte Raubkatze kurz vor der Tötung der langersehnten Beute. Er deutet verhalten an, dass er mir nun mal zeigen werde, wie man Auto fährt. Aus der Kurve eine Gerade machen und niemals bremsen.

Die Hinterreifen wirbeln ein paar Kieselsteine auf, die elektrischen Fensterheber verrichten auf Geheiß der väterlichen Finger ihren Dienst, und die kühle morgendliche Luft wirbelt verloren und hektisch zwischen uns umher.

Auf der Autobahn vor Hannover geraten wir in einen Stau. Die Sonne nähert sich gemächlich, stolz und prächtig ihrem höchsten Punkt. Es ist heiß, der Vater schwitzt stark und fragt mich Dinge, auf die ich keine Antwort weiß. Seine Frau raucht.

»Schau dir die mal an. Im Auto neben uns. Furchtbar, wie die aussieht. Diese Nase, wie der Schnabel eines Spechtes.« Er schreit ganz furchtbar laut: »Hallo!«

Die Frau schaut verunsichert zu uns herüber. Der Vater betätigt einige Male hintereinander und unter Zuhilfenahme seiner Nase die Hupe und kichert vor sich hin. Er schreit: »Ganz wunderbare Nase haben Sie da«, und beginnt, theatralisch zu popeln. So beiläufig wie möglich gebe ich zu verstehen, dass ich das widerlich finde. Er schaut enttäuscht drein, nicht wegen meiner Aussage, sondern weil er in den Tiefen seiner Nase nicht fündig geworden ist.

Durch das immerzu wiederholte Hupen mit seiner Nase fährt das Vorderauto ein Stück weit zur Seite und bietet dem Vater somit die Möglichkeit, unser Gefährt diagonal an den zum Stillstand gekommenen Autos vorbei auf den Standstreifen zu manövrieren. Er beschleunigt hart, fährt vor bis zum Unfallort und biegt dann unter Beobachtung der Autobahnpolizei nonchalant auf die Zufahrt zu einer Raststätte ab, die so gelegen kommt, als sei sie eigens für diese spezielle Situation gebaut worden.

Ein Rennfahrer sei er. Und ein Genie. Und die Alte mit dieser Nase, furchtbar sei die gewesen, Nase bitte ablegen beim Blasen. Und die dummen Polizisten. Eine ganz wunderbare Freude sei ihm das gewesen.

Das Auto kommt unmittelbar vor dem Eingang des Burger King zum Stehen.

Auf meine Frage, ob er nicht lieber auf dem Parkplatz parken wolle, bekomme ich keine Antwort. Den Schlüssel lässt er im Zündschloss stecken, und die Fenster bleiben unten.

Wir essen Chicken Wings bis zum Erbrechen, trinken Cola, und von den Burgern nehmen wir stets eine Hälfte des Milchbrötchens ab. Natürlich die ohne die Saucen.

Auf geht's, heim ins Reich, bläst der Vater zur Attacke.

Er stellt den Tempomat auf 180 Stundenkilometer ein, schnallt sich ab und rät mir, es ihm gleichzutun. Denn jetzt, so sagt der Vater, würde uns ein Gurt sozusagen schon im Voraus an einen Rollstuhl ketten, Sterben sei würdevoller. Mit diesen Worten verabschiedet er sich in den sogenannten Sekundenschlaf.

Über den Ku'damm erreichen wir Berlin in Rekordzeit. Als wir den Wagen in der Garage des KaDeWe verlassen, knistert der Motor, und es riecht nach geschmolzenem Plastik.

In der »Sechsten« essen wir am Tresen des Fischkutters Seezunge »Finkenwerder Art« mit Speck und Krabben und reichlich brauner Butter. Dazu gibt es einen kleinen Salat, dessen Vinaigrette so süß ist, dass er ganz hervorragend harmoniert mit den Raucharomen des ausgelassenen Schweinebauchs. Von der Cocktailsauce, dem Knoblauchdip und dem blassen, aber krossen, ofenwarmen Baguette kann es gar nicht genug geben. Am Verkaufstresen nebenan bestellt der Vater geräucherten Aal mit frischem Meerrettich, ein paar Scheiben rohe Gans, halbe Hummer und Langusten. Gemeinsam entscheiden wir uns, den Hummer zu bevorzugen, er sei einfach geiler und auch günstiger, da würde er direkt noch besser schmecken als ohnehin schon.

Irgendwie fühlt es sich so an wie damals, ganz am Anfang, in New York.

Wir verabreden einen Treffpunkt Unter den Linden für die Rückfahrt am übernächsten Tag und verabschieden uns knapp voneinander. Ich fahre die Rolltreppen hinab und schaue mir alles ganz genau an, jede Etage. Wie schön es wäre, hier öfter herzukommen und mir irgendwann all das, was ich hier sehe, leisten zu können.

In den nächsten Tagen lerne ich Berlin ein bisschen kennen und bin enttäuscht. Ich finde diese Stadt so schrecklich, dass ich mir vorstellen kann zu bleiben.

Die Rückfahrt in die Heimat und zur Schule trete ich nicht an. Ich versetze den Vater mit all der Raffinesse, die ich mir in dieser Disziplin der Unzuverlässigkeit bei ihm abgeschaut habe. Demütig und vergebens warte ich auf seine Reaktion.

25

Ich bleibe also in Berlin.

Im Gegensatz zu den meisten jungen Menschen, die es zu dieser Zeit in die fast noch frischgebackene Hauptstadt zieht, reizt mich die Stadt nicht wegen der Technoclubs, der kreativen Szene oder der Feierkultur, sondern wegen ihrer Anonymität. Sich niederlassen, ankommen, ein Zuhause finden, gesund leben und fett werden, das ist mein Plan.

Nachdem ich den zweiten Bildungsweg erfolgreich verlasse, steht einem arbeitslosen und sorgenfreien Sommer voller Neugierde und Verantwortungslosigkeit nichts im Wege.

Der Kreuzberger Bergmannkiez wird zu meiner Wahlheimat.

Die ersten Sommermonate sind ein Traum: ausschlafen, rausgehen, bummeln; die Stadt erkunden und ihre schier unermesslichen Weiten auskosten, von niemandem erkannt werden und niemanden grüßen müssen.

Auf den Straßen feiere ich den Karneval der Kulturen, in den Parks lese ich ein Buch nach dem anderen, und an den verschiedenen Seen fühlt sich das Leben an wie ein nicht enden wollender Urlaub am Mittelmeer.

Doch leider reicht die Kohle nicht, denn meine Motivation

usw. sind zwar unendlich, mein Arbeitslosengeld ist es jedoch nicht.

In einem Spätkauf mit Internetzugang suche ich auf der Plattform Kijiji nach freien Stellen als Koch.

Mein allerserstes Vorstellungsgespräch in Berlin habe ich an einem Dienstagvormittag im Café Rizz in der Kreuzberger Grimmstraße, nur einige Hundert Meter entfernt von meiner temporären Bleibe.

Die große Terrasse des Ecklokals und Sammelpunktes für Hertha-Fans ist an dem sonnigen Morgen bereits zum Bersten gefüllt. Aus sicherer Entfernung beobachte ich das rege Treiben an den Tischen und die hektische Choreografie der augenscheinlich wenigen gelernten Servicekräfte und einer beachtlichen Anzahl sehr attraktiver studentischer Aushilfen. Eine ältere Frau in Funktionskleidung steht sichtlich genervt vor einem der geöffneten bodentiefen Fenster und raucht Kette. Ihre Frisur erinnert an die von Rudi Völler.

Ich betrete den Laden, von dem ich nicht weiß, ob er nun Restaurant, Café, Kneipe oder alles drei in einem ist, durch den schmalen Haupteingang genau auf dem Eck der Kreuzung. Am Tresen stelle ich mich kurz vor und frage nach einem Herrn namens Alois, den ich fälschlicherweise für den Küchenchef halte. Der Chef sei gerade noch bei Netto, was für die Mittagskarte einkaufen, aber um die Vorstellungsgespräche kümmere sich seine Lebensgefährtin und Teilhaberin, die Birgit.

Die Frau in Funktionskleidung steuert auf mich zu und bittet mich an einen der Tische im Innern auf einer Empore. Sie reicht mir weder die Hand noch bietet sie mir etwas zu trinken an; sie kommt gleich zur Sache.

Ein neuer Koch habe sie gerade versetzt, ob ich sofort mit einer Probeschicht beginnen könne.

Eine Probeschicht ist etwas, wovon ich noch nie zuvor gehört habe. Man stellt seine Arbeitskraft für ein oder zwei Tage unbezahlt in die Dienste des potenziellen neuen Arbeitgebers und versucht diesen durch herausragende Leistung vom eigenen Können zu überzeugen und sich somit für die vakante Stelle zu qualifizieren. Man schaut halt, ob die Chemie stimmt, sagt Birgit.

Die Küche ist die kleinste, die ich je gesehen habe. Sie ist zudem verwinkelt und leidet empfindlich unter den Schrägen, die sie erdrücken. An einem Waschbecken neben einer Unterbau-Spülmaschine steht ein Mann mittleren Alters, der durch seinen Kleidungsstil offenkundig zur Schau stellt, dass er sich zu den wenigen übriggebliebenen Hardrockern zählt. Er trägt Kopftuch, ein Iron-Maiden-T-Shirt, eine Lederhose und eckige Boots von Harley-Davidson; alles in Schwarz. Seine extrem warme Kleidung und die enorme Luftfeuchtigkeit in der nicht belüfteten Küche lassen ihn sehr stark transpirieren.

Der Rest der Kücheneinrichtung ist so gut wie gar nicht erkennbar, denn überall liegen aufgerissene Plastikverpackungen herum, und es herrscht allgemeines Chaos; dreckige Pfannen stapeln sich auf dem Gasherd und qualmen gemächlich vor sich hin. Es riecht nach verbranntem Käse und dem geräucherten Fett unglücklicher Schweine.

Die feuchten Bons fliegen unaufhörlich in beachtlichem Tempo und ohne Ende von einem kleinen Bondrucker aus auf den mäßig sauberen Boden. Die Tinte auf den Zetteln verschwimmt in Fett und Spülwasserresten.

Der Metal-Mann stellt sich als Micha vor. Die Frage, ob er

ganz alleine sei, bejaht er mit einem vehementen Kopfnicken, seine Augen drehen sich dabei so schnell im Kreis, dass mir beim Zuschauen schwindelig wird.

Er klaubt die Bons vom Boden zusammen, breitet sie auf der zugemüllten Arbeitsfläche aus und erklärt mir, was zu tun sei: Frühstückskarte und ein paar Mittagessen.

Käsefrühstück. Pancakes mit Ahornsirup und Blaubeeren. Englisches Frühstück mit Nürnberger Rostbratwürsten, Spiegeleiern, Orangenkonfitüre, Bacon, Champignons und gebackenen Bohnen von Heinz. Hühnercurry ohne Huhn. Kohlroulade mit Kartoffelstampf und Specksauce.

Irgendwie manövrieren wir uns zusammen durch das Chaos von Unordnung, Mangel und Überangebot und retten uns hinein in den ruhigeren Nachmittag mit Kuchenbuffet. Andere Köche kommen, und ich bin sehr froh, dass meine Probeschicht dem Ende entgegensteuert.

Draußen in der Sonne setze ich mich zu Birgit, und sie erklärt mir, sie sei recht zufrieden mit meiner Leistung, allerdings sei da natürlich noch etwas Luft nach oben. Als Einstiegsgehalt bietet sie mir fünf Euro die Stunde, schwarz und bar auf die Hand. Natürlich sage ich sofort zu. Als ich die Frage nach dem Wunsch eines Feierabendgetränkes mit den vier magischen und international anerkannten Buchstaben »Beer« beantworte, schlägt sie mir meinen Wunsch ab und verkündet, dass sie weder Alkoholiker noch Süchtige im Allgemeinen einstelle. Als ich das Lokal verlasse, steckt sie sich die nächste Zigarette an.

Auf der gegenüberliegenden Straßenseite wartet der Rocker. Er lehnt lässig an einer Laterne und dreht eine Zigarette mit nur einer Hand. Gemeinsam machen wir uns auf zum nächsten Späti und betrinken uns mit reichlich Bier und ein bisschen Jägermeister. Er trägt dieselben Klamotten wie zuvor in der Küche und riecht nach tausendundeinem Frühstück mit Huhn und Extrawürsten.

Micha wird mein erster guter Freund in der Hauptstadt.

Ich arbeite einige zähe Wochen lang im Rizz, das eine Kreuzberger Institution ist, wie ich bald erfahren soll.

An den Wochenenden geht das sehr erfolgreiche Frühstückskonzept nahtlos über in das noch erfolgreichere Konzept mit den Fußballspielen auf der Leinwand. Sobald die Arbeit beginnt, ist man automatisch in der Scheiße.

Sonntagabends um zwanzig Uhr fünfzehn findet bei gutem Wetter auf der Terrasse ein Tatort-Open-Air statt, und ich staune nicht schlecht, als ich am eigenen Leib erfahre, wie viele junge Menschen diesem Event Woche für Woche beiwohnen und sich mit Nahrung untersten Mittelmaßes mästen.

Nach einer durchzechten Nacht mit dem fast kompletten Team des Rizz verschlafen wir alle unabhängig voneinander den ganzen Sonntagmorgen, und das Rizz bleibt an diesem Vormittag das erste Mal in seiner langen Historie geschlossen.

In der sich daran anschließenden arbeitslosen Zeit, während eines nicht enden wollenden Spätsommers, schreibe ich Bewerbungen an einige sehr gute Restaurants und auch an welche mit dem berühmten Michelin-Stern. Ich möchte kochen. Und zwar richtig.

Von meinem im Rizz verdienten Schwarzgeld kaufe ich allerlei professionelle Küchengeräte für daheim und gebe sonst fast alles für die verschiedensten Lebensmittel im Frischeparadies aus. Ich bestelle seltene Produkte und Spezialitäten aus Asien bei Bos Food, klaue Kochbücher von Tim Raue und

Kolja Kleeberg bei Hugendubel, stalke die Speisekarten aller möglichen Restaurants auf deren Homepages, drucke sie aus und sammle sie in einem Ordner.

Ich gehe essen und koche zu Hause für Freunde. Anfangs zaghaft, dann mutiger. Ich beobachte meine Freunde dabei, wie sie die Gerichte, die ich koche, gierig verschlingen und nicht selten sogar die Teller ablecken. Diese direkte und fast durchweg sehr euphorische Resonanz, dieses Lob, macht mich glücklich und bestärkt meinen Entschluss, an mich zu glauben und es mit dem Kochen weiter zu versuchen. Gelingt mir mal ein Experiment nicht, lasse ich es entweder unbemerkt verschwinden oder kokettiere voller Selbstironie mit meinem Missgeschick.

Täglich checke ich in Erwartung einer Resonanz im Internetcafé meine Mails, starre wie besessen auf mein Mobiltelefon und befinde mich in einer Dauerschleife letztlich nicht erfüllter Erwartungen. Draußen riecht es nach Herbst.

26 Karlotta ist eine sehr großgewachsene junge Frau; ihre Magersucht verstärkt ihr langes und hageres Erscheinungsbild. Sie hat sehr helle, fast transparente und unreine Haut. Ihr dünnes, ungepflegtes Haar färbt sie schwarz, und sie sieht älter aus, als sie ist.

Ihre Hosen sind weit geschnitten, übersät mit unansehnlichen Ziernähten, und ihre Oberteile sind mit Motiven aus einer Phantasiewelt versehen. Sie trägt Springerstiefel aus Lack, die fast bis zu den Knien reichen, und an den Handgelenken Kunstlederarmbänder mit chromfarbenen Spikes. Für Tattoos fehlt ihr die Bereitschaft zum Schmerz. Sie hört Musik, die keine mehr ist, und Gothic.

Die Kleidung einer Köchin wirkt an ihr wie ein Fremdkörper. Sie hasst ihren Beruf.

Karlotta arbeitet als sogenannte Alleinköchin im Restaurant Pavé in Schöneberg; der Laden trägt den Namen seiner Inhaber, und das sind: Hubert (ehemaliger Elitesoldat und Profikiller), Christina (ehemalige Prokuristin einer großen Versicherung) und Kevin Pave (angehende Vertretung seiner Eltern im Restaurant).

Vor dem Umzug nach Schöneberg hat die Familie passioniert, aber eher so als Hobby, das Restaurant Pave im Wedding betrieben. Die Bude lief, und die Familie wurde eine Art schillernde Institution in dem eher ärmlichen und unschönen Stadtbezirk. An den Wochenenden gab es Brunch. Unter der Woche folgte das Konzept an den verschiedenen Tagen wechselnden Mottos mit dem gemeinsamen Themenschwerpunkt »All You Can Eat!«, täglich wechselndes Angebot, nur das Pizzabuffet stieß auf derart überschwängliche Resonanz, dass es dienstags und donnerstags angeboten wurde. Glücklicher Wedding!

Nach einem Herzinfarkt beschloss Hubbi, den Laden zu verkaufen, die Füße stillzuhalten und die Beine hochzulegen.

Für seine Dienste im Auftrag der Bundeswehr erhält er eine fürstliche Pension. Da ihm allerdings schnell die Decke auf den Kopf fiel und zudem die berufliche Karriere seines einzigen Sohnes nicht so richtig Fahrt aufnahm, fasste er den Entschluss, das erprobte Konzept in den noblen Stadtteil Schöneberg zu transportieren und das »e« in Pave durch ein »é« zu ersetzen. Seinen ahnungslosen Sohn ernannte er zum Geschäftsführer.

Im Vergleich zum Café Rizz erfährt die Entlohnung meiner Arbeitskraft ein Upgrade von fünf auf sieben Euro, brutto wie netto, nach Dienstschluss schwarz auf die Hand.

Das Restaurant hat sieben Tage die Woche abends geöffnet, Samstag und Sonntag gibt es Brunch ab zehn Uhr. Karlotta und ich teilen die neun Schichten untereinander auf: Doppelschicht am Wochenende von acht Uhr bis Schluss, drei oder vier Tage unter der Woche zu je acht Stunden, im wöchentlichen Tausch und Wechsel.

Auf der Speisekarte findet man eigentlich alles, was irgendwie existiert: Schnitzel, Pizza, Pasta, Burger, mexikanisch und Tex-Mex-Schrott aus der viel zu kleinen Fritteuse. Zu einem Basissalat, serviert in einer in Fett ausgebackenen Bowl aus Tortillafladen, kann man extra bestellen: Parmesan, gebratene Champignons, Bacon, Schafskäse, Halloumi, Lachs, Hähnchenstreifen, Rindfleischstreifen, Gambas oder Meatballs.

Unfassbare Absurditäten vonseiten der Eigentümer gestalten die ersten Wochen durchaus unterhaltsam. Wann immer das Restaurant nicht gut besucht ist, und das ist trotz der exponierten Lage fast täglich der Fall, spekulieren Hubbi und seine Frau Christina, woran es liegen könnte, und kommen dabei auf sehr phantasievolle Ursachen. Da das direkt benachbarte französische Restaurant stets überfüllt ist, wittern die Paves Intrigen und Verschwörungen. Unterstützt und noch extra befeuert wird die Paranoia des Veteranen durch die ständige Sedierung seiner Frau durch rezeptpflichtige Psychopharmaka. Mal vermuten sie ein Bündnis aller schwuler Männer gegen ihre Familie, mal spekulieren sie darüber, dass ganz Schöneberg sie ablehne, mal behaupten sie, die wenigen Mäuse, die nach Einbruch der Dunkelheit die Terrasse bevölkern, seien mit Abhörgeräten versehen und kämen wie ferngesteuert im Auftrag der angeblichen Scientologen von nebenan, um bei potenziellen Gästen Abscheu zu erzeugen.

Ihr junger Sohn treibt sich nachts mit seinen Freunden in Diskotheken für Asoziale herum und lauscht dort, tanzenden Körpers, der Nullmusik; nicht selten schleppt er minderjährige Bratzen ab und vernascht sie dann in seinem Restaurant, verspricht ihnen Jobs und säuft mit ihnen Bacardi aus der Flasche.

»Unter den Blinden ist der Einäugige der König«, Zitat Vater.

Wenn ich an Sonntagen gegen acht Uhr zur Frühschicht komme und aus der Ferne bereits seinen tiefergelegten 3er BMW erspähe, befallen mich Gänsehaut, Ekel und Herpesbläschen.

Maria Mager ist eine adrette, sehr schöne Frau. Sie kleidet sich ausgewählt vornehm, zurückhaltend und erotisch. Ihr vorsichtiges Auftreten, ihr stechend scharfer Verstand und ihr betont gut gewähltes Deutsch machen sie zu einer vollkommenen Erscheinung und zu einem Fremdkörper im Restaurant Pavé.

Weder arbeitet sie, um sich das Studium zu finanzieren, noch ist sie gelernte Restaurantfachfrau. Vielleicht geht sie dieser Beschäftigung aus Langeweile nach, vielleicht des Versicherungsschutzes wegen. Spielt auch keine Rolle; ich bin nicht nur sehr froh, dass sie da ist, sondern auch darüber, sie kennengelernt zu haben.

Ab und an kommen einzelne Herren mittleren Alters ins Restaurant und freuen sich ganz besonders, von ihr bedient zu werden. Die Nächte nach Feierabend verbringen wir nicht selten in irgendwelchen Bars. Maria trinkt dann Whisky-Sorten, von denen ich noch nie was gehört habe, und ich trinke meist das, was die Barkeeperin mir hinstellt. Wie bei einer Lebensbeichte erzählen wir einander von unseren sexuellen Eskapaden der Vergangenheit, bleiben aber immer auf Distanz zueinander. Sie berichtet von Dessous und hochhackigen Schuhen, von Sex, der nicht körperlich ist, von Schmerzen, Kontrollverlust und freiwilliger Versklavung. Ihre Erzählungen erregen mich stark, und ich stelle fest, dass ich da nicht mithalten kann und anscheinend einiges verpasst habe.

Maria geht sehr viel sehr gut essen und legt mir nahe, es ihr gleichzutun. Recherche sei für den Kopf eines schöpferischen Koches ganz entschieden wichtig. Sie spricht von kulinarischer Bildung und rezeptorischer Intelligenz, und ich kann ihr nicht folgen.

Im Büro unseres Arbeitgebers schauen wir uns im Internet die Speisekarten verschiedener Berliner Restaurants an und träumen uns in deren Gasträume.

Einer der Stammgäste, ein Architekt namens Mannie, kutschiert uns eines Nachts in seinem alten Saab durch den früheren Osten. Im Fond des Autos knackt Maria Austern und lässt die Champagnerkorken knallen. Auf der Frankfurter Allee lässt er uns raus, und wir betreten einen dieser riesigen alten Stasi-Bauten. Mit dem Aufzug fahren wir nach oben, bis es nicht mehr weitergeht, nehmen dann eine Treppe und verschaffen uns Zugang zum Dach. Es ist windig und frisch, und ich erkenne, wie sich Marias Brustwarzen unter ihrer dünnen Bluse aus feinster Seide verhärten. Sie lässt ihre Hüllen fallen und kichert verlegen. Ihr geflochtenes Haar tanzt im Wind, sie führt die Champagnerflasche an ihren Mund und nimmt einen großen Schluck, bevor sie sagt: »Jetzt du!« Mit dem Handrücken wischt sie sich den Sprudel vom Mund, ihr Lippenstift verwischt, und es wirkt so, als grinse sie. Schüchtern ziehe ich mich aus. Die kalte Luft strapaziert meinen Körper, und die schon feuchte Spitze meines Penis trocknet dahin. Noch immer stehen wir einander gegenüber; einige wenige Meter endlose Nacht trennen unsere Körper. Als ich auf sie zugehe, schüttelt sie den Kopf. Als ich etwas sagen möchte, legt sie den Zeigefinger auf ihren Mund. Maria beginnt zu masturbieren und sagt: »Du auch!«, und ich gehorche. So stehen wir beide da, nackt in der kühlen Dunkelheit, auf einem ungesicherten Hochhausdach, wichsen vor uns hin und verzehren uns nacheinander. Der Wind weht Fetzen unserer wollüstigen Laute in die Ferne.

Maria verbietet mir zu kommen.

Ich weiß nicht, wie lange wir einander gegenüberstehen, uns am Körper des anderen ergötzen und aufgeilen und nur den eigenen berühren. Es ist eine fast schmerzhafte Erregung, die durch ihre Endlosigkeit in allerhöchster Frequenz durch unsere Adern rauscht und wie ein ewiger Brunnen nicht versiegt, ständig überfüllt ist, aber nicht überläuft.

Wir kehren nicht wieder zurück zu unserem Arbeitgeber und leben fortan eine kurze Weile in ständiger Angst vor der Rache des Profikillers und seiner Schergen.

Maria verspricht mir zynisch, dass sie nie mit mir schlafen wird, und ich bin irgendwie enttäuscht.

Sie habe mir diese Erinnerung geschenkt, sagt sie. Und ich solle sie nicht vergessen.

27 Im Automobilforum Unter den Linden/Ecke Friedrichstraße findet jährlich die Kunst- und Antiquitätenmesse Ars Nobilis statt. Der Vater setzt mich in Kenntnis, der Möbelpapst aus der Provinz komme höchstpersönlich in die Hauptstadt, um den Nichtstuern und Preußen mal zu zeigen, was geile Ästhetik ist. Gerne könne ich mich als Abtrünniger und Ahnungsloser dennoch davon überzeugen, welch erlesene Möbel er sein Eigen nennt. Meine bevorstehende Audienz stellt mich vor die Frage, mit welcher Art von Kleidung ich es schaffen könnte, dem Vater zu gefallen und nicht peinlich zu sein. Die Wunschvorstellung meines Erscheinungsbilds und mein Kontostand kommen zu keiner Übereinkunft.

Come as you are.

Vor den hohen Glasfronten des Eckgebäudes auf dem Berliner Prachtboulevard renne ich aufgeregt und unentschlossen und maßlos verunsichert auf und ab. Mehrere Male breche ich mein Manöver ab, verkrieche mich in die Bögen des S-Bahnhofs Friedrichstraße und versorge mich im Edeka mit Schnaps, saufe mir Mut an. Die Verwahrlosung meines Selbstbewusstseins steht in Dauerkonflikt mit dem unbedingten Willen, das Eis im Verhältnis zum Vater nachhaltig zu brechen und Eindruck zu hinterlassen.

Der Jägermeister in mir übernimmt das Kommando und führt mich vorbei an imbezil dreinschauenden Inkarnationen von Steinzeitmenschen in das Innere des Gebäudes, bis vor zu einer Rolltreppe.

Mehrfach schleiche ich hin und her, verändere Position und Blickwinkel, als würde ich Verstecken spielen mit den rotierenden mattschwarzen Geländern vom Band, und versuche, einen Blick auf das Untergeschoss zu erhaschen. Und während ich mich da eher fluchtartig auf die Gefahr zubewege, rollt die Treppe gemächlichen Schrittes abwärts, und ich hoffe ziemlich sehr, dass es für mich und mein Äußeres in jagdgrünem Lacoste-Shirt heute reicht, um neben dem Vater zu bestehen.

Der Vater lobt mich für die Wahl meines Shirts.

»Darum mag ich alles, was so grün ist, weil mein Schatz ein Jägermeister ist.«

Er berichtet mir, dass er am Abend zuvor mit meiner Schwester im Grill zu Gast war.

»Grill« nennt man das Grill Royal – eine stilsicher eingerichtete und von internationalen Prominenten hochfrequentierte Steak-Klitsche –, wenn man oft genug dort gewesen ist und genug Money verbrannt hat, um von dem hochnäsigen Mittelklasse-Personal wiedererkannt zu werden und ein vermeintlich besseres Erlebnis geboten bekommt.

Das Kilo Garnelen zum Selberpulen mit Aioli sei ein Traum gewesen, »und hör mal, nicht teuer!«. Es habe Châteauneuf gegeben, ein Kalbskotelett mit einer feinen Béarnaise, Streichholz-Fritten, sautierten Spinat mit Concassée von der Tomate und gerösteten Pinienkernen, raffiniert abgeschmeckt mit einem Spritzer Limette: ein Traum. Aber die beste Wahl habe mal wieder oder vielmehr wie immer die Schwester getroffen, die kannste nämlich schicken. In ihrem Kostüm von Chanel saß sie dort, bestellte die beste Bestellung, die man bestellen kann, in dem besten Deutsch, das man sprechen kann: nämlich Pulpo sardisch und eine Seezunge, die dann später am Tisch tranchiert wird, mit Steinpilzen und Beurre blanc.

»Und hörma, die kannten die alle. Und, die ist beliebt. Obwohl die die Pfeifen dort alle in die Tasche steckt, die wickelt die um den kleinen Finger, und die spielt mit denen, wie 'ne Katze mit 'nem Ball. Aber die Idioten dort, furchtbar gekleidet, stellen nix dar, die merken das gar nicht. Nicht weil sie zu blöd sind, sondern weil die Anna das so geschickt macht. Hörma, die kannste schicken.«

Der Vater begleitet mich die Rolltreppe hinauf. Die protzigen, an Turnschuhe erinnernden Sportwagen von Bentley und Lamborghini zieren die bodentiefen Schaufenster des Erdgeschosses direkt neben den vollautomatischen Schiebetüren.

Der Vater und ich verharren einen kurzen Augenblick vor den neonfarbenen Karosserien, und ich wünsche mir, dass er mich zum Essen einlädt. Ins Borchardt oder ins Bocca di Bacco, die Paris Bar oder in den Grill.

»Wat is?«, will der Vater wissen.

Bevor ich antworten kann, faucht er zynischen Blickes ein Passanten-Pärchen an, das sich vor den Autos gegenseitig fotografiert. Mit der Zunge ahmt er in seinem Mund Blowjob-Bewegungen nach und fragt die Frau, ob »er« jetzt hart werde, ahmt Sexgeräusche nach, quietscht wie ein junges Ferkel und faselt etwas von Penisprothesen und schreit immer wieder sehr nasal und ausgedehnt »fuuuurchtbaaar«.

Am Abend esse ich einen Döner.

28 Seit nunmehr weit über einem Jahr arbeite ich zusammen mit dem Rocker Micha aus Friedrichshain in einem Berliner Kneipen-Urgestein, dem Kuchel-Eck am Ludwigkirchplatz in Wilmersdorf.

Der Laden ist nicht nur bekannt für seine vielen Sorten Fassbier und die gutbürgerliche deutsch-österreichische Küche, sondern auch für rauschende Fußballfeste und ausgedehnte Öffnungszeiten.

Die Atmosphäre unter den Mitarbeitern ist abwechselnd sehr gelassen oder unerträglich angespannt; je nach Tagesform und der Dauer der Schicht, je nach Laune und Grad der Alkoholisierung.

In der sehr kleinen, baufälligen Küche kochen Micha und ich, was das Zeug hält. Das Kuchel-Eck ist täglich ausgebucht und zusätzlich unter sogenannten Walk-ins und Touristen ein beliebtes Ausflugsziel; andauernd werden Fußballspiele gezeigt.

Auf der Speisekarte stehen verschiedene Variationen vom Schweineschnitzel: Wiener Art, mit Champignonrahmsauce, mit Spiegelei und geschmelzten Zwiebeln, Paprikasauce oder mit grünem Pfeffer.

Weitere Klassiker sind das Berliner Tatar, aus dem falschen

Filet gewolft, mit Sardelle, Zwiebel, Paprikapulver, Kapern und Eigelb; ein Eisbein, wahlweise achthundert Gramm oder eins Komma vier Kilo, mit Erbsenpüree aus der Tüte, Sauerkraut und Salzkartoffeln; Rinderleber Berliner Art, mit Kartoffelpüree, gebratenen Äpfeln und Zwiebeln.

Die Verdienstmöglichkeiten nach dem, wie ich es mittlerweile nenne, »Berliner Modell« sind an den Stadtteil, in dem Micha und ich nun arbeiten, moderat angepasst, das Trinkgeld stimmt auch. Meistens arbeiten wir zusammen in der Spätschicht von siebzehn bis dreiundzwanzig Uhr beziehungsweise bis Schluss ist.

Die Frühschichten hat der Meister für sich gepachtet. Er ist ein kleiner, schlechtgelaunter und missgünstiger Schwuler aus Österreich, der nur über gerade so ausreichende Kenntnisse seines erlernten und ungeliebten Berufs verfügt. Gepaart mit Betriebsblindheit und stetig nachlassender Motivation eine echte Herausforderung für Micha und mich, die wir doch versuchen, den Laden kulinarisch nach vorne zu bringen.

Geraucht und getrunken wird nicht nur nach Feierabend, sondern auch während der Arbeitszeit am Arbeitsplatz und somit natürlich auch in der Küche. Wenn wir gegen sechzehn Uhr fünfundvierzig die Schicht übernehmen, steht der Meister meist vorne, im Kneipen- und Raucherbereich, raucht Zigaretten der noblen Marke Dunhill und trinkt einen Pfiff.

Unter den eingesauten Schneidebrettern des Küchenchefs finden wir beim Putzen oft zahlreiche angerauchte Zigarettenstummel, deren Glut sich langsam in das harte Plastik der bunten Schneidebretter versengt und cognacfarbene Ränder hinterlässt.

Ich beschließe, Urlaub zu machen. Für diesen Zeitraum halte ich die Augen nach einem potenziellen Praktikumsplatz weit geöffnet. Ich bewerbe mich im Restaurant Reinstoff und dem Vau. Auf Antworten warte ich vergebens.

Im Restaurantführer Gault & Millau, den ich mir bei Dussmann, dem Kulturkaufhaus, klaue, lese ich die sehr süffisant geschriebenen Rezensionen der ganzen Republik mit Interessenschwerpunkt Berlin.

»Im Hinterhof kocht ein Sachse Gemüse«, steht dort über das angesagte, rein vegetarische Restaurant Cookies Cream, und ich denke mir, »Backstreet Boy, das kenn und kann ich«, bewerbe mich sofort und zwar via Facebook.

Von der Friedrichstraße aus biege ich beim Westin Grand Hotel rechts in die Behrenstraße ein und gehe bei der Komischen Oper vorbei in einen überdachten und verwinkelten, sehr großen Hinterhof. Mäuse rennen eifrig und aufgeregt zwischen bunten Containern und gestapeltem Leergut umher. Vor einer Treppe parkt ein alter Porsche Targa. Die Luft ist kalt, und es riecht nach feuchtem Mauerwerk. Über eine kleine Treppe gelange ich zu einer großen Tür aus sehr dunklem Holz und betätige eine Klingel. Niemand öffnet.

Nach einer gefühlten Ewigkeit schlurft ein Herr mittleren Alters gemächlich durch die ghettoähnliche Kulisse. Er trägt einen abgewetzten, längsgestreiften Leinenanzug in Himmelblau von Hugo Boss; in seinem kinnlangen und fettigen dunkelbraunen Haar steckt eine teure Sonnenbrille im Aviator-Stil der sehr subtilen Marke Gucci. Zwischen der Zigarette, die er lässig im Mundwinkel umherjongliert, und seinen spröden Lippen bricht sich eine Stimme wie nach tausendundeiner Nacht Berliner Clubkultur Bahn und nuschelt: »Schumi, mein Name, du willst sicher ins Cream, oder?« (»Schumi«, anscheinend ein verbreiteter Name in Deutschlands Gastronomieszene.)

Im Inneren ist es sehr dunkel; es herrscht sozusagen Nacht. Über eine Treppe aus geschliffenem Beton gelange ich nach oben ins Restaurant mit offener Küche. Ein großes, gerahmtes Bild schreit »FICKEN«; darunter steht »American Express«. Ich denke an die Kreditkarte meines Vaters.

Das Praktikum ist anstrengend, weist mich konditionell und was mein kulinarisches Können betrifft in die Schranken, aber bereitet mir große Freude. Die Köche kochen mit Stolz, tragen lässig coole Hosen und Latzschürzen, sind fast ausnahmslos tätowiert und alle sehr gepflegt. Man merkt schnell, dass sie sich alle sehenden Auges für den Beruf des Kochs entschieden haben; nicht wenige von ihnen haben Abitur. An den Steckdosen aus unpoliertem Edelstahl der durchdesignten Küchen laden sie ihre iPhones.

Die Szene der Berliner Mitte zieht mich schnell in ihren Bann. Dienstags und donnerstags platzt das Restaurant aus allen Nähten. Im darunterliegenden Cookies-Club spielen DJs Housemusic für Hipster und andere gutgekleidete und wohlbetuchte Feierwütige; oben an den Tischen vor der offenen Küche scharen sich die Promis auf den Bänken aus gegossenem Beton.

Auf der Feuerleiter garen wir Köche Garnelen auf einem Grill nach japanischem Vorbild für das Personalessen; denn die Küche, die muss frei bleiben von tierischem Protein, klar.

An einem Mittag während der Vorbereitung putze ich Unmengen junger Artischocken und lege sie sodann in Wasser, das mit Zitronensäure angereichert ist, damit sie nicht oxidieren. In einem Berliner Radiosender laufen zur halben Stunde die regionalen Nachrichten, und deren Sprecher verkündet, dass der Star- und Sterne-Koch Tim Raue mit sofortiger Wirkung seiner Pflichten der Adlon Holding Group gegenüber entbunden sei und sein in dem prestigeträchtigen Hotel ansässiges Restaurant verlasse. Während meine Kollegen hörbar erfreut darauf reagieren, ärgere ich mich hinter vorgehaltener Hand sehr, weil ich es nicht geschafft habe, mit Maria und Mannie dort in den Genuss der asiatisch inspirierten Vorreiter-Küche gekommen zu sein. Die Missgunst der anderen Köche teile ich nicht; Raue ist so etwas wie ein Vorbild für mich: Er hat es von ziemlich weit unten nach ziemlich weit oben geschafft, und das als Koch!

Während ich die Artischocken putze, trete ich in einen Wettkampf mit mir selbst: Ich versuche sowohl schneller zu arbeiten als auch präziser, setze alles daran, weniger Abschnitte zu produzieren und jedes Exemplar mit noch mehr Hingabe und Liebe zu behandeln; jede Artischocke soll schöner und formgleicher meine vom Wasser schrumpeligen Hände verlassen als die davor.

Die Zeit während meiner nicht enden wollenden Aufgabe vergeht zäh und wie im Fluge zugleich. Als ich gerade glaube, fertig zu werden, stellt mir einer der Köche drei weitere Kisten der Kornblütler neben meine Füße. Mut, Motivation und Wettkampfgedanken verlassen mich gerade gleichzeitig, als der Nachrichtensprecher berichtet, dass Tim Raue im Herbst sein erstes eigenes Restaurant in Kreuzberg eröffne; im Logo befinde sich ein Kolibri, weitere Details seien noch nicht bekannt.

Und während ich mich diebisch über und für Tim Raue

freue, gleitet das Gemüse wie von selbst durch meine Hände, eins perfekter als das andere.

Ich denke an die kleinsten Vögel der Welt und erinnere mich an das ornithologische Schaumodell in der Küche des Vaters.

29

Kurz vor Weihnachten fahre ich von Berlin aus in die Heimat.

Überraschenderweise meldet sich der Vater bei mir. Er habe gut verdient, es sei ein phänomenales Jahr gewesen, und so sei es ja selbstverständlich, dass auch ich, als sein Sohn, davon zu profitieren hätte. Er begrüßt die Tatsache, dass ich mich in seiner Nähe aufhalte, und erklärt mir am Telefon, hörbar erregt, er habe die Entdeckung des Jahres gemacht. Vielleicht auch die des Vorjahres, oder des Jahres davor.

In einem mattsilbernen 500er Mercedes Benz SL holt er mich in der Eifel ab. Es ist später Nachmittag, die Luft ist diesig, und die Feuchte der Fahrbahn kristallisiert zu Eis. Hie und da brechen die letzten Sonnenstrahlen des Tages gleißend durch die Wolkendecke.

Das Innere des Autos riecht stark nach einer Mischung aus Zigarrenrauch, Hermès-Parfum und den feinstaubigen Überresten alter Möbel.

Wir rasen Richtung Restaurant.

Eine gute Stunde oder gerne auch ein bisschen länger seien wir nun unterwegs, sagt der Vater. »Was gibt's? Was kannste berichten?« Und ich, ich berichte. Und der Vater, er hört mir zu und hängt mir sprichwörtlich an den Lippen. Ich erzähle von der Hauptstadt, vom Kochen, von Träumen, Wünschen und Zielen. Davon, wie unterirdisch die Verdienstmöglichkeiten in der Gastronomie sind, insbesondere in Berlin. Und von den Weibern berichte ich ihm, denn das interessiert ihn besonders.

Er steuert das Auto zügig und präzise über die Landstraßen. Ein Streifen Abendrot in der Ferne weicht mit einem Mal dem winterlichen Dunkel. Schnee fällt im grellen Licht der Autoscheinwerfer herab. Im überheizten Cockpit beschlagen die Scheiben, Zigarren- und Zigarettenrauch umschließen einander wie das Muster eines Paisley-Tuchs. Der Vater hupt wiederholt und brüllt ins Nichts, dann lacht er und zwinkert mir zu. Immer wieder überholen wir Autos mit sogenannten »lahmarschigen Kröten« darin.

Die letzten Meter bis zur Neuentdeckung der letzten Jahre führen uns durch dichten Wald über einen Weg, dessen Umrisse von schneebedeckten Sträuchern flankiert werden, hin zu einem Parkplatz mit Kopfsteinpflaster. Der frische, weiche Schnee knirscht sanft unter den Reifen des Sportwagens.

Gierig inhalieren wir die letzten Züge einer Zigarette und des Zigarrenstummels.

Beim Aussteigen bestaune ich des Vaters stilsichere Kleidung. Er trägt eine weite hellblaue, stark verwaschene Jeans, ochsenblutrote John-Lobb-Schnürschuhe aus Pferdeleder, ein weißes Hemd und ein beigefarbenes Sakko von Kiton. Um seinen Hals fällt vornehm ein seidener Schal in sehr dunklem Blau mit weißen Punkten. Sein strähniges und volles Haar wirkt gleichermaßen wirr und aufwendig frisiert.

Ich trage Jeans, die schwarzen Aldens von damals aus New York, einen blassen dunkelblauen Wollpullover von Weekday und eine abgewichste olivgrüne Barbour-Jacke, und fühle mich ernsthaft underdressed.

Wir treten ein.

Im Eingangsbereich herrscht reges Treiben. Die Hausherrin begrüßt den Vater herzlich, er ist hier Stammgast. Wir geben unsere Garderobe ab und werden, begleitet von zwei Service-Mitarbeitern, in das helle, im besten Sinne des Wortes kitschig eingerichtete Restaurant geleitet.

Der rot-weiße Teppichboden ist so weich und komfortabel, dass man sich darauf bewegt, als sei man knietief eingesunken. Bronzefarbene Säulen stützen die tiefen Decken, und auf den Tischen liegen zwei Tischdecken in unterschiedlichen Farben übereinander. Der überladene Gastraum ist in mokkafarbenes Licht mit gelben Akzenten getaucht, in Messing eingefasste Lampen in Glaskugel-Optik setzen weitere Akzente. Unser Tisch steht unmittelbar vor einer verspiegelten Wand, Platzteller halten im milden Schein einer Kerze Stoffservietten bereit, Silberbesteck von Christofle ist bereits eingedeckt.

Die Kellner schieben uns die Sessel unter die Hintern. Wir sitzen bequem. Mir wird flau.

Als der Vater die Frage nach einem Glas Champagner verneint, bin ich gleichermaßen verwundert wie enttäuscht. Immerhin habe ich noch nie Champagner getrunken, der nicht in einem Supermarkt entwendet wurde und seine Bubbles hinter einem neonorangefarbenen Etikett verbirgt.

Wir bestellen Wasser mit »Zitsch« und eine Flasche Riesling, Hermannsberg, Großes Gewächs von Emrich Schönleber. Ein grandioser Wein, so der Vater.

Es dauert eine kleine Weile, bis der Wein entkorkt ist.

Der Vater und ich genehmigen uns einen großzügigen Schluck, prosten einander zu und vermeiden es, uns in die Augen zu schauen.

Die Dame des Hauses kommt mit den Speisekarten. Ein großer, hochglänzender Einband steigert kurz die Spannung auf das, was ihr Inhalt verheißt, in schiere Euphorie. Im Himmel trommeln die Küchengötter in Weiß auf den drei Sternen des Restaurants einen sachten Wirbel für den Vater und mich; gegenseitig tragen wir einander abwechselnd und ehrfürchtig die Gerichte der Speisekarte vor, wie Verse aus der Bibel. Wollüstig reiben wir uns die Hände, sind bereit zu sündigen und bekennen uns sehenden Auges zur Völlerei.

Wir bestellen zur Vorspeise zweimal die getrüffelte Roulade von Périgord-Gänsestopfleber mit Feigenconfit und dazu zwei Gläser Sauternes.

Dann eine Délice vom Taschenkrebs mit grünem Apfel und Staudensellerie, das sei herrlich lecker, schön leicht und würde uns erfrischen, sagt der Vater.

Als dritten Gang nehmen wir bretonischen Hummer auf winterlicher Gemüsemelange mit Kalamansi-Marinade. Zum Hauptgang bestellt der Vater die Brust von der Étouffée-Taube mit gebratener Entenstopfleber und Rouennaiser Sauce, und ich entscheide mich für ein Entrecôte mit Nadelböhnchen und Kartoffel-Parmesan-Püree. Hinterher nähmen wir gerne noch zweimal eine sehr großzügige Portion des Kalbsbries Facon Rossini, mit schwarzem Wintertrüffel aus dem Périgord, gebratener Foie gras und Macaroni-Charlotte. Die aufmerksame Bedienung beglückwünscht uns zu unserer Bestellung und fragt, welches Dessert wir gewählt hätten. Als ich zur

Bestellung anhebe, grätscht der Vater mir ins Wort und erklärt, wir bräuchten keine süßen Spielereien, aber den prächtigen Käsewagen, den könne sie gerne vorfahren und dann, wenn er schon mal da sei, auch gleich bei uns stehen lassen. Die Dame lächelt und behauptet, uns beim Wort zu nehmen.

Als ich forsch, aber kleinlaut erfrage, aus welchem Grund wir denn den Klassiker des Hauses, eine kleine Torte vom Rinderfilet-Tatar mit Imperial-Kaviar und Kartoffelrösti, nicht bestellt hätten, entgegnet der Vater, es reiche jetzt und es sei gut so, wie wir bestellt hätten, und damit basta.

Kleine, verschiedene Sorten ofenwarme Brötchen werden mit gesalzener französischer Butter serviert. Sie sind rösch und fluffig, der Aufstrich schmilzt zärtlich unter dem Druck des edlen Messers dahin und schmiegt sich über die Kruste und das Innere der Teiglinge.

Wann immer sich der Füllstand eines unserer Gläser dem Ende neigt, schenkt uns der Service fast unbemerkt nach.

Ich beobachte das Geschehen an den anderen Tischen, und dort ist es genauso. So was habe ich noch nie zuvor gesehen. Ich bin sehr beeindruckt. Zu Anfang dachte ich, es sei störend, aber an diese Art Komfort gewöhnt man sich dann doch recht schnell.

Schau dir mal die am Tisch dahinten an, sagt der Vater. Was die für Haxen hat. Wie eine Wildsau. Und da drüben, der Kerl, ja, da an dem Vierertisch, fürchterlich, hör mal, die haben ja gar keine Freude, da, sieh hin, der schläft gleich ein, was meinst du, was bei denen in der Kiste los ist!? Gaaar nix ist da los. Widerlich. Wiiiiderlich. Aber gleich, wenn das Essen kommt, da wird er hart.

Es kommen drei Amuse-Bouches, mit Grüßen aus der Küche und vom Chef, Helmut Thieltges. Von links nach rechts präsentiert uns ein junger Mann drei kleine Schälchen. Eine immens große Gillardeau-Auster thront auf einem Berg aus reinweißem Meersalz, ist in drei Tranchen zerteilt und verströmt überbordende Meeresfrische. Julienne von Minze und Limettensaft als Säuregeber hieven das Weichtier in eine spritzige, feuchtfröhliche Mojito-Nähe. Hauchdünne Teigfäden umgarnen einen frittierten Edelfisch mit Mangosauce; der fettige und sehr krosse Teig ergänzt den mageren und butterzarten Fisch zur Perfektion. Mit den Fingern dippt der Vater das Gebackene in die Mangosauce wie Würstchen in Ketchup. Aus dem letzten Amuse, einem heißen, aufgeschäumten Safran-Sud, löffelt er zügig die ausgelösten Bouchot-Muscheln und trinkt die Schale mit dem goldenen Elixier in einem Zuge aus. Und wie durch Gotteshand erbarmen sich ganz plötzlich, ganz unbemerkt, zwei neue Schalen Safran-Sud unserer gierigen Münder.

Der Vater sagt: »Hörense mal, wir hätten gerne noch das feine Tatar auf dem Reibekuchen mit den Fischeiern. Einmal? Sind Sie des Wahnsinns? Nee, nee, zweimal bitte schön. Wenn's geil ist, muss man's sich nicht rarmachen!«.

Ich denke mir: »Geil«, mein Gegenüber zwinkert mir zu und sagt: »Allmächtiger!«

Der Vater berichtet vom Kunst- und Antiquitäten-Markt. Die Ware sei geil, die Gewinne seien gut, das Verkaufen aber, das sei ihm unangenehm.

»Da hab ich gekauft, einen sächsischen Schreibschrank, einst für das Adelsgeschlecht Arpel gefertigt, Nussbaum und Nussbaumwurzel auf Weichholzkorpus furniert, so um siebzehnfünfzig, sehr schönes gegenfurniertes Innenleben, hör mal da legst du die Ohren an«, sagt er und: »Ich bin ein Genie!«

»Einen Standsekretär aus der Werkstatt von Johann Gottlob Fiedler, Berlin um siebzehnhundertneunzig, mit einem marmorhinterlegten Kopfschub, das Bronzebeschlagwerk ebenfalls aus einer Berliner Werkstatt, eine geile Qualität, so was findest du nirgends, hat nur der fette Doktor aus dem Rheinland.«

Die Augen des Vaters funkeln und strahlen, wenn er von seiner Arbeit und dem Sammeln erzählt. Seine Hände zeichnen Bilder der Möbel in den luftleeren Raum zwischen uns, und es wirkt so, als streichelten sie das edle Holz. Sie formen Konturen, simulieren das Aufschließen der Türen mit einem Schlüssel, und es wirkt so, als wolle er sich an den alten Möbeln kurz mal festhalten, sie in seine Arme schließen und in der alten Kunst versinken.

Nie zuvor hat die Stimme des Vaters so gelassen und ruhig auf mich gewirkt.

Ich bin sehr fasziniert von alldem, lausche mit gespitzten Ohren, bewundere ihn für seine fanatische Obsession, und ich nehme mir vor, mich irgendwann auch einmal für etwas so zu verzehren, dass Raum und Zeit für immer in Vergessenheit geraten.

Den Schmelz der fettigen Gänseleber unterstützt eine Scheibe warmes, buttriges und leicht knuspriges Brioche, die süßliche Säure des Feigengelees bildet einen feinen Kontrast, und Salz und Pfeffer drängen sich abwechselnd in den Vordergrund, bevor der Sauternes im Mund alles miteinander verbindet, den Gaumen reinwäscht und einstimmt auf den nächsten Bissen. Es ist ein Hochgenuss, den ich nie wieder vergessen werde. Der Vater äußert dem Service gegenüber, dass wir nun die Entscheidung hinsichtlich der Wahl des Desserts getroffen hätten, und zwar würden wir gerne noch zweimal diese Terrine nehmen, zwischen Bries und Käse; gerne wieder mit einem Schlückchen Sauternes. Ich danke ihm innerlich einige Hundert Male und pflichte ihm bei: Er ist ein Genie, keine Frage. Denn hat man einen kulinarischen Schatz wie diesen auf dem Teller vor sich, möchte man ihn gar nicht aufessen, weil man schon hadert mit dem Leben danach. Gier und Bedauern stürzen den Genuss vom ersten Bissen an in einen Konflikt mit sich selbst. Denn eigentlich möchte man darin versinken, es im Ganzen in sich reinlöffeln, und doch isst man bedacht, fast nachsichtig, um die kleine Kostbarkeit so lange wie möglich als Teil des eigenen Lebens betrachten zu können.

»Iss jetzt«, sagt der Vater.

Die nächsten Gänge kommen zügig. Wir reden, trinken, schmecken und genießen den Abend und das Leben in vollen Zügen. Das Schlaraffenland wird real und hat nun eine Adresse. Ich vergesse die Zeit und beginne schon gegenwärtig damit, in meinen zukünftigen Erinnerungen zu schwelgen, und stelle mir vor, wie ich Freunden davon berichte. Mir wird jedoch schnell klar, dass ich niemanden kenne, mit dem ich mich über ein solches Essen austauschen könnte.

Es ist das erste Mal mit meinem Vater, dass ich mich nicht unentwegt von ihm beobachtet und auf die Probe gestellt fühle.

Nach dem Hauptgang verschwinde ich Richtung Toilette

und vernehme eine Art Rausch, der mir bisher verborgen geblieben ist. Die angenehme Fülle einer leichten Übersättigung, die den Alkoholpegel im Blut reguliert und beides zu einer beschwipsten Glückseligkeit verbindet, ist ein friedvoller Exzess des Luxus und der Wonne. Es wird getrunken des Genusses wegen und nicht wegen des Effektes, Essen und Wein sind eine Symbiose, ein »match made in heaven«, das Erinnerungen schafft, statt sie zu zerstören; ein befürwortender Rausch, kein destruktiver.

Ich schwanke leicht, von griechischen Büsten flankiert, vom Pissoir aus zurück zum Spiegel im Waschraum. Aus einem goldenen Wasserhahn in Schwanenoptik läuft warmes Wasser über meine fettigen Finger, spült den Glanz und den Schimmer der letzten Götterspeisen den Abfluss hinunter, und ich frage mich, wie es wohl wäre, eine prächtige Nase Koks vom Hals des Schwans zu ziehen. An vorgewärmten und samtweichen Stoffhandtüchern trockne ich mir die Hände ab und schwebe zurück zum Vater.

Nun folgt dieses Rinderfilet-Tatar auf Kartoffelrösti.

Ich erinnere mich noch daran, wie der Vater in meinem ersten Ausbildungsbetrieb zum Essen kam und auf der Speisekarte »Schweinefilet-Medaillons mit Calvados-Sauce, karamellisierten Apfelspalten und Röstiecken« stand.

Die Verwirrung, die beim Lesen wegen des »ie«-Lautes aufkam, sorgte damals für reichlich Furore. »Maximilian, was zum Teufel sind Röstiecken?«

Das selbstgemachte, extrem krosse und zugleich in der Mitte zarte Kartoffelgebäck ist ein exemplarisches Referenz-Kunstwerk. Darauf tummelt sich ein sehr zurückhaltend gewürztes

Tatar vom Rinderfilet und dient einer Schicht abgehangener und feinster Crème fraîche aus der Normandie als Unterlage. Sie ist abgeschmeckt mit einem Spritzer Zitrone und etwas Cayennepfeffer, dem Gewürz Salz und bildet eine kontrastive Ebene der Erfrischung. Getoppt wird das alles von einer üppigen, in sich geschlossenen und glattpoliert wirkenden Schicht aus erlesenem Kaviar. Ein Gedicht. Zehn von zehn, wenn es so etwas geben sollte.

Irgendwann kommt das Kalbsbries mit zwei hohen Saucieren aus Porzellan. In der einen befindet sich eine klebrige, dunkle Jus mit reichlich gewürfeltem schwarzem Trüffel. Die zweite Karaffe beherbergt eine helle Trüffel-Rahmsauce.

Der Vater trinkt beide leer. In seinen Augen sammeln sich Tränen, temperaturbedingt. Und des Glückes wegen. Zwei neue Saucieren werden serviert, »Los, trink!«, sagt der Vater. Wie zähflüssiges Gold verteilt sich die Jus in meinem Mund, benetzt Lippen und Gaumen mit einer klebrigen, gelatinösen Schicht und lässt mich alles vergessen, was ich über Saucen zu wissen glaubte. Mit dem weißen Elixier, das ich hinterherspüle, löse ich die feine Schicht Gold vom Gaumen und belebe mein Mundinneres wieder. Als ich langsam wieder zu mir komme, stelle ich fest, dass ich intuitiv die Augen geschlossen habe, um ganz allein zu sein, mit dem Geschmack, mit der Ewigkeit dieses Moments und mit mir selbst.

Die Geräusche des Restaurants ersetzen die Stille des Rausches durch ein Rauschen, und das gedämmte Licht blendet meine Augen. Ein verschwommen wirkender Kellner gießt die frisch aufgefüllten Saucen an, und wir tauchen ab ins Bries. »Nehmen Sie sich gerne von der Sauce nach«, flüstert jemand in weiter Ferne.

Der Käsewagen wird an diesem Abend zu meinem Lieblingsauto.

Nach zwei Espressi und vielen köstlichen Petits Fours von einer Etagere lädt die Hausherrin uns in die Küche ein.

Um einen Molteni-Herd stehen sehr viele Köche. Einige trinken Bier, andere verputzen Foie gras, wieder andere putzen den Boden. Der Chef de Cuisine, Herr Thieltges, begrüßt uns herzlich, führt uns herum und bedankt sich. Wir hätten zu danken, entgegnet der Vater; das Essen sei ein Traum gewesen, das Bries phänomenal, und die Saucen, das sei große Kunst. Wie unglaublich aufmerksam der Service sei, ständig hätten wir Saucen nachgereicht bekommen, eine wahre Meisterleistung. Herr Thieltges deutet auf eine Wand, und wir schauen hinaus ins Restaurant. Vielmehr schauen wir direkt auf den Tisch, der die letzten Stunden unser Zuhause gewesen ist. Der Vater lacht laut und sagt: »Sie sind ein Genie!« Es käme nicht oft vor, dass jemand in seinem Restaurant aus den Saucieren tränke, so der Chef. Und zu mir sagt er: »Dein Vater nimmt unser Essen meist mit und isst es dann im Auto. Er hat uns gesagt, dass er Bauarbeiter ist und sich in so schicken Restaurants fehl am Platze fühlt. Wir haben extra für ihn Einwegverpackungen angeschafft.«

Im Auto spielt der Vater Tina Turners »Simply the Best« in voller Lautstärke, fährt die Fenster runter und zieht immer mal wieder an meiner Zigarette.

Mir wird ziemlich schnell sehr kalt, und ich beginne mit den Zähnen zu klappern. Ich solle mich nicht so anstellen, er sei müde und habe einen im Tee. Frieren sei besser als sterben, wenn auch anstrengender.

30

An einem Dienstagmittag kratze ich zuerst all mein Geld und anschließend all meinen Mut zusammen, werfe mich in die paar schicken Kleidungsstücke, die ich mittlerweile besitze, und mache mich auf den Weg zur Grenze zwischen Kreuzberg und Mitte.

Alleine betrete ich überpünktlich um kurz vor zwölf Uhr das Restaurant Tim Raue und schäme mich dafür, nicht reserviert zu haben. Eine Mitarbeiterin empfängt mich herzlich, nimmt mir die Barbour-Jacke ab und den Burberry-Schal von eBay. Auf einer mit edlem Stoff in preußischblauer Farbe bezogenen Bank nehme ich mit dem Rücken zur Straße Platz. Vor mir erstreckt sich das noble Restaurant mit seinen hohen Decken; mein Blick reicht bis zur gläsernen Küchenfront. Eine der Wände schmückt ein riesiges Gemälde, Müll ist darauf zu sehen.

Ein junger Mann in einem tadellos sitzenden Anzug begrüßt mich, fragt nach meinen Getränkewünschen, reicht mir die Mittagskarte mit dem Lunch-Menü und offeriert mir die *Süddeutsche Zeitung* und die *FAZ*. In meiner Unsicherheit wünsche ich mir den Vater herbei und an meine Seite. Er weiß nämlich immer ganz genau, was es zu trinken gilt und wie man sich benimmt. Und damit ich ihn wenigstens ein kleines bisschen bei mir habe und damit ich einen kleinen Teil seiner Interessen und getroffenen Entscheidungen an meiner Seite weiß, entscheide ich mich für die Frankfurter Zeitung.

Die Gerichte auf der Mittagskarte lesen sich alle so ausgezeichnet und interessant, dass ich gar nicht weiß, was ich bestellen soll: Über die Existenz vieler der Zutaten war ich gar nicht im Bilde, andere habe ich noch nie probiert.

Ich verfluche mein Budget dafür, dass es mich maßregelt, und nehme mir vor, es ihm heimzuzahlen, diesem Scheißbudget.

Ich stelle mir ein viergängiges Menü zusammen und folge der Empfehlung des Sommeliers, die einzelnen Gerichte mit einem Glas Wein zu begleiten.

Schon bei den Amuses wird mir klar, was hier passiert: Die kleinen Köstlichkeiten sind eine Wucht und werfen mich aus der Bahn. Sie sind scharf, süß, sauer und salzig; sie animieren und sind fast erotisch.

Ich bestelle Dim Sum vom bretonischen Hummer, den Spanferkelbauch Dong Po mit Ingwer und Lauch, einen Rehrücken mit Pomelo, Pistazie und einer Szechuan Sauce und zum Abschluss die Pekingente »Interpretation Tim Raue«.

Während ich esse, bin ich ganz allein mit mir selbst. Ich vergesse meine Unsicherheit und werde eins mit dem Geschmack. Der Verlauf der Kompositionen ebnet sich seinen Weg, dem ich folge wie einem kulinarischen Kompass. Das Essen wird zu einer Reise zu mir selbst.

Ein Kellner fragt mich nach einem Digestif, und da ich nicht weiß, was das ist, sage ich lieber »ja« als »nein«.

Und während ich da warte, drifte ich schon wieder ab, in die noch gegenwärtige Erinnerung des gerade Erlebten.

Das Klirren einer runden Eiskugel in einem sehr klar polierten Glas holt mich behutsam aus meiner Glückseligkeit. Aus einer azurblauen Flasche gießt der Sommelier das frische Elixier auf das Eis, das die einströmende Sonne hinter den großflächigen Fenstern reflektiert wie eine Diskokugel. Die Kollision des fließenden Alkohols mit dem gefrorenen Wasser knistert kurz geheimnisvoll, dann knackt sie laut. Das Eis ist gebrochen.

Die frische Säure und der viele Zucker des Getränks rütteln mich augenblicklich wach. Ein paar Tische weiter steht Tim Raue, und ich werde nervös. Mit exakter Körperhaltung erklärt er den Gang, den die Kellner zeitgleich einsetzen. Als er sich leicht nach vorne beugt, um schwarzen Trüffel über die tiefen Teller zu hobeln, sehe ich auch die beiden Gäste.

In dem Jüngeren der beiden erkenne ich, glaube ich, Max Strohe. Der Ältere ist vermutlich sein Vater.

Tim Raue hält kurz inne und schaut in die Runde. Alle drei nicken, und das große Hobeln geht weiter. Vater und Sohn sagen ein kleines bisschen zu laut: »Wenn's geil ist, muss man's sich nicht rar machen.«

Dankeschön an Emilia Denk, Michi Peters, Ilona Scholl, Jonathan Kolberg, Thomas und Julian Schmitz-Avila, Paul Peters, Lennart Neumann, Mathilde Strohe, Anja Hager, Johannes Peters, Andreas Bernard, Tulus Lotrek, Tim Raue, Nils B. Gordon, Martin Anton Reuter, Tim Mälzer, Sven Steffensmeier, Ludger Volkermann, Vijay Sapre, Ben Schlemmermeier, Thomas Platt, Louis Vuitton und die 6te des KaDeWe.